Para Víctor, con nuestro
cariño de siempre y
esperando vernos pronto
por las tierras del NW.
Tus
Alexis y María.

FENG SHUI
para el amor

Acerca del autor

Shan-Tung Hsu nació y creció en Taiwan. Posee un Ph.D. en recursos naturales en la Universidad de Washington. Durante su niñez, la tradición familiar relacionada con las energías naturales, y el fuerte vínculo con la filosofía china tradicional, hicieron parte de sus años de formación. En 1989, Shan fundó el Blue Mountain Feng Shui Institute. Actualmente da conferencias sobre diseño de espacios y el medio ambiente de acuerdo con principios naturales.

Para escribir al autor

Para contactarse o escribirle al autor, o para obtener más información sobre este libro, envíe su correspondencia a Llewellyn Español para serle remitida al mismo. La casa editora y el autor agradecen su interés y sus comentarios sobre la lectura de este libro y sus beneficios obtenidos. Llewellyn Español no garantiza que todas las cartas enviadas serán contestadas, pero le asegura que serán remitidas al autor. Por favor escribir a:

Shan-Tung Hsu
℅ Llewellyn Español
P.O. Box 64383, Dep. 0-7387-0381-8
St. Paul, MN 55164-0383, U.S.A.

Incluya un sobre estampillado con su dirección y $US 1.00 para cubrir costos de correo. Fuera de los Estados Unidos incluya el cupón de correo internacional.

FENG SHUI

para el amor

SHAN-TUNG HSU

traducido por
Héctor Ramírez Silva
Edgar Rojas

2003
Llewellyn Español
St. Paul, Minnesota 55164-0383
U.S.A.

PRIMERA EDICIÓN
primera impresión, 2003

Edición y coordinación general: Edgar Rojas
Diseño del interior: Karin Simoneau
Diseño de la portada e ilustraciones del interior: Gavin Duffy
Imagen de la portada: Digital Vision © 2002
Título original: *The Yin & Yang of Love: Feng Shui for Relationships*
Traducción al Español: Héctor Ramírez Silva, Edgar Rojas

Biblioteca del Congreso. Información sobre esta publicación.
Library of Congress Cataloging-in-Publication Data
Pending— Pendiente.

ISBN: 0-7387-0381-8

Llewellyn Español
Una división de Llewellyn Worldwide, Ltd.
P.O. Box 64383, Dep. 0-7387-0381-8
St. Paul, Minnesota 55164-0383 – U. S. A.
www.llewellynespanol.com
Impreso en los Estados Unidos

Para todas las personas enamoradas y deseosas de amor.

Contenido

Prefacio

En el largo período durante el cual he enseñado feng shui y dado consultas sobre el tema, he descubierto que las relaciones personales son una de las inquietudes más frecuentes e importantes que tiene la gente.

Muchos de mis estudiantes, además de mis clientes, han buscado en el feng shui respuestas a preguntas sobre sus relaciones personales. ¿Hay alguna forma en que el feng shui pudiera ayudarlos a mejorar una relación existente o a encontrar una pareja?

Su intuición es correcta al señalar el feng shui como un factor esencial al tratar de resolver tales dificultades. A menudo hay problemas relacionados con el lugar y el espacio necesarios de tratar: el espacio donde se vive no es adecuado para establecer una relación amorosa, o incluso es probable que esté creando conflicto. No obstante, el lugar o espacio rara vez es la única fuente de dificultades. Parte del problema también tiene que ver con malentendidos y percepciones erróneas, que conducen a un torpe o poco armonioso manejo de la energía. En este libro, intento tratar la situación más extensamente, no sólo con lo referente al espacio, también la dinámica de las relaciones, y cómo los factores energéticos interactúan con los espaciales.

El amor y las relaciones son asuntos complejos y delicados. A lo largo de la historia humana, millones de libros han tratado estos temas. Cuando por primera vez pensé en escribir al respecto, supe que era una tarea ambiciosa, pero mis estudiantes y amigos me animaron a hacerlo —al igual que los resultados obtenidos por mis clientes—.

De esta forma decidí que sería más útil enfocar el tema desde la esencia del feng shui. Este arte visualiza las actividades humanas como parte de la naturaleza y en el contexto de procesos naturales. Es un punto de vista que integra a los seres humanos y la naturaleza, y también integra esta última con el proceso por el cual las cosas se crean y desaparecen. Es un punto de vista holístico y completo. Abarca todo tiempo y espacio —un conocimiento que está "naturalmente" en todos nosotros, ya que nuestra relación con el cosmos es de semejanza—. En otras palabras, la evidencia de la relación con el cosmos radica en que sus estructuras esenciales son las mismas de la existencia humana.

El feng shui se enfoca en el diseño espacial desde la perspectiva de las relaciones energéticas. En este libro, trato las relaciones románticas desde el mismo tipo de perspectiva —en términos de yin y yang, y no en términos de masculino y femenino—. En principio este enfoque puede parecer tan abstracto, que pierde todos los detalles. Pero espero que también le dé una visión más completa.

Para presentar esa visión de conjunto, empiezo con aspectos energéticos generales, y continúo hablando acerca de factores de espacio y tiempo. Ya que los seres humanos somos organismos vivos y sociales, también es necesario tratar la comunicación, la energética interpersonal, la comida y la actividad sexual. Por consiguiente, he dedicado un capítulo a cada uno de estos temas. Sin embargo, incluso en estos capítulos he evitado introducirme demasiado en los detalles, y tratado de vincular todo con los aspectos energéticos más amplios. Este contexto de conjunto es el que tan a menudo hace falta en la vida moderna. En la actualidad, para muchas personas, la vida es muy especializada y agitada, y pasan gran parte de su tiempo enfocadas en áreas muy pequeñas de su existencia.

Hay muchos libros y talleres que tratan sobre las relaciones personales y ofrecen técnicas para mejorarlas. Algunos de estos enfoques tienden a presentar casos desde una perspectiva puramente espiritual; otros lo hacen desde un punto de vista intelectual, o se enfocan en respuestas emocionales. Tales enfoques pueden inspirar a las personas por un tiempo, pero es fácil regresar a la perspectiva anterior. El problema es que los cambios que producen están sólo en el nivel de ideas y emociones, y no involucran el nivel más fundamental de energía formativa. Por esta razón, es muy importante hablar del rol de la energía formativa en el amor.

En un sentido muy real, no hay ideas especiales o "secretos" en este libro: en un nivel intelectual, todo lo presentado aquí tiene mucho de sentido común, pero todo en nuestro enfoque se dirige a hacer cambios en el nivel de energía, no en el nivel de ideas.

Este no es un libro grande, extenso o complicado —y desde luego espero que nadie lo vea de ese modo—. No estoy tratando de sugerir la última palabra, o una flamante nueva idea —sólo algunos conceptos útiles—. Si todos los lectores encuentran frases que resuenen en sus mentes, sentiré que he logrado mi cometido.

Agradecimientos

Estoy muy agradecido con muchos de mis estudiantes y amigos que me animaron a escribir este libro. También quiero dar las gracias a las siguientes personas que leyeron mis escritos en forma minuciosa y me dieron sugerencias a lo largo de la escritura: David Abbot, Bertha Aybar, Myrna Elias, Kate Fletcher, Irene González, Christy Raedek, Bekka Rauve, Nance Scott, Barbara Setters y Helga Umpierre.

Además, deseo extender mi agradecimiento a Jo Rothenberg, quien ayudó en las etapas finales de corrección de pruebas y edición de la versión original en inglés. Este libro también le debe mucho al trabajo de Earl King, Jr., quien ayudó en la escritura y revisión.

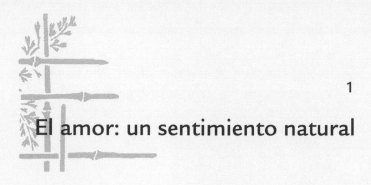

El amor: un sentimiento natural

La historia humana está hecha por hombres y mujeres, y de este modo es en gran parte una historia de amor —amor frustrado, realizado, negado, demorado—. En cualquier cosa que ocurre, el amor juega un papel importante. El eterno proceso de relación masculina-femenina —enredo, esperanza y desesperación, alegría y dolor— es la base para la creación de la historia y cultura humana, de la música, poesía e historias que nos diferencian de otros seres vivos (hasta lo que sabemos, los humanos somos los únicos en nuestro mundo que contamos historias).

En realidad, en todo el mundo y a lo largo de la historia, detrás de todas las diferencias en cultura, religión o política, y detrás de las diferencias entre citadinos, campesinos o nómadas, siempre está la presencia del amor, el romance y la pasión, que establece el orden de los acontecimientos. Algunos incluso afirman que todos los esfuerzos humanos son un intento por satisfacer (o al menos tratar) el deseo de amor.

La gente a menudo ve el amor como una relación masculina-femenina, y muchos libros se han enfocado herméticamente en las relaciones románticas. Sin embargo, este libro trata el tema desde la perspectiva del feng shui, en un intento por verlo en un contexto más amplio y en términos de los fenómenos de orden superior que le dan forma.

El amor visto por la naturaleza

En la actualidad, la mayoría de personas por equivocación ve el feng shui sólo como un arte de ubicación —una forma de organizar y diseñar el espacio para traer beneficios y evitar dificultades—. Sin embargo, lo que llamamos feng shui es tradicionalmente llamado kan yi (el Tao del cielo y el Tao de la tierra), y las enseñanzas descritas por ese término nos guían en todos los aspectos de la vida en su relación con los principios universales del cielo y la tierra. El principio fundamental de estas enseñanzas es vivir en armonía con la naturaleza y seguir la ley natural. Este entendimiento de la ley natural ha sido resumido en la teoría del yin-yang y la teoría de los cinco elementos, que describen el conocimiento de las configuraciones estáticas y transformaciones dinámicas que constituyen el universo.

La teoría del yin-yang dice que toda relación es una unión entre dos cualidades polarizadas, que coexisten y son mutuamente dependientes. Estas cualidades polarizadas se alimentan entre sí y al mismo tiempo se contienen; también se transforma una en la otra. Una relación perfecta se basa en la participación equilibrada de estas dos cualidades polarizadas.

Todo en el universo está en continua transformación. Mientras la teoría del yin-yang describe las configuraciones estáticas, la teoría de los cinco elementos describe el proceso de cambio. Usa las imágenes concretas de madera, fuego, tierra, metal y agua para describir los cinco patrones básicos en los cuales ocurren las transformaciones, los resultados de las mismas y las relaciones entre dichos patrones de transformación. Estos cinco patrones, al igual que el yin y el yang, también se alimentan y contienen mutuamente. De nuevo, una relación ideal entre estos modos de transformación requiere alcanzar un equilibrio entre alimento y contención.

Desde este punto de vista, el amor entre hombres y mujeres es sólo una de las formas tomadas por la relación yin-yang. Ya que el yin y el yang existen en todo el universo, el feng shui sugiere que la relación yin-yang no sólo ocurre entre seres humanos, animales o incluso organismos vivos, sino en todas las entidades a todo nivel. Es el mismo tipo de relación que existe entre el río y la tierra a través de la cual fluye, el continente y los océanos que lo rodean, el viento y el bosque por el cual pasa, y la mariposa y las flores en las que deambula. Todas estas son expresiones de la interacción de las energías yin y yang del universo.

Visto de esta forma, las raíces del amor y el romance están mucho más profundas que los asuntos de placer y dolor, o risa y lágrimas. Para entender el amor en el sentido superior, debemos mirar más allá de sus manifestaciones inmediatas, ya sean internas o externas. Debemos verlo libre de imágenes superficiales de lucha y enredo, libre de redes de emoción. Tenemos la tendencia a quedarnos estancados en el nivel de manifestaciones superficiales, que forman el material para la poesía, música, drama y arte. La mayoría de consejos acerca de relaciones, teorías, estrategias y tácticas se enfocan en este nivel, y la mayoría de seres humanos pasan sus vidas entregados a interminables enredos con las piezas del juego del amor, tratando de moverlas para que se ajusten sólo al patrón que desean.

Pero el amor es más que dos personas compartiendo una malteada de chocolate. Hay mucha más profundidad en él. Nunca es tan simple como una mera acción física, un pasatiempo superficial agradable o un período de intensa pasión. Siempre hay complicaciones —no sólo por accidente, sino por la misma naturaleza del amor, que se relaciona con las más profundas estructuras del universo—. A menos que podamos verlo desde esa perspectiva más profunda, deambularemos sin fin en un laberinto de repeticiones de los mismos guiones de relaciones.

Hay una diferencia entre ver desde un nivel superior y disecar desde un nivel inferior. Hacer esto último es convertir el amor en un producto mecánico de alguna colección de partes. Sin embargo, verlo desde una perspectiva superior o más profunda, es preservar la plenitud de la experiencia, es verlo en el contexto de una experiencia aun más profunda y amplia. Para hacerlo, tenemos que reconocer las profundas estructuras del universo. Y el mejor lugar para empezar es con la más profunda: la estructura del Tai Chi.

Tai Chi: el comienzo

Desde el punto de vista de la metafísica china, todo el universo es una interacción de energías yin y yang. La manifestación del universo mismo es el resultado de transformaciones que se derivan de las interacciones yin-yang. La forma tradicional en que son resumidas estas interacciones, es el conocido diagrama del Tai Chi (figura 1.1).

Figura 1.1: Símbolo del Tai Chi

Este diagrama encierra una gran cantidad de enseñanza tradicional acerca del universo y las leyes de la naturaleza, lista para ser revelada por quien tenga la clave de su interpretación. Es una representación del concepto de Tao, o la forma del universo. Aunque muchas personas han visto este diagrama, hay mucho más en él que la mayoría puede conocer. Empezando con el símbolo del Tai Chi y las enseñanzas que hay en él, podemos llegar a entender cosas en términos de orden superior.

Exploremos más a fondo el significado de este símbolo. El término "Tai Chi" se compone de dos palabras. "Tai", que significa "gran", y "Chi", que significa "extremo". Por lo tanto, "Tai Chi" puede traducirse como el "gran extremo", esto es, el universo, en el más amplio sentido del término: el todo.

La metafísica china considera que cada parte de la naturaleza contiene la información del todo, aunque con menos detalle, así como el ADN en cualquier célula contiene la información que se despliega para formar un cuerpo humano completo, o cada parte de un holograma contiene toda la imagen. En todo nivel, cada entidad es completa por sí misma: una célula es una unidad completa, como lo es un cuerpo, un planeta, un sistema solar o una galaxia. Y cada una como un todo refleja el todo que conforman las otras. Siempre es la misma manifestación; la diferencia tiene que ver con la escala. En un sentido importante, cada entidad, interacción, evento, fenómeno, e incluso cada tipo de relación sentimental, puede ser representado por el diagrama del Tai Chi, que es un símbolo del todo.

Veamos más detalladamente la estructura de este símbolo. ¿Por qué es circular y no de otra forma, por ejemplo cuadrado o triangular? ¿Cuál es el significado de las dos figuras en forma de pez? ¿Por qué está dividido por una curva en forma de S en lugar de una línea recta? ¿Por qué el área oscura tiene un punto blanco y el área clara un punto negro? Y, de nuevo, ¿por qué los puntos son circulares y no de otra forma?

El círculo es la forma natural: todo en el universo tiende a ser circular. Los objetos físicos, y eventos en el tiempo, son curvos, cíclicos y tienden a ser circulares, a menos que resulten alterados por otros objetos o eventos. Incluso esas interferencias tienden a lo circular en su propio nivel.

Un círculo no es algo estático, es un proceso —en el cual no hay comienzo ni fin—. Al mismo tiempo, cada punto en un círculo o evento en el proceso, es un comienzo y un fin. Incluso en términos del concepto de causa y efecto, que parece implicar una secuencia simple y lineal, el efecto de una causa es la causa de otro efecto, una secuencia interminable. Cuando empezamos a ver las cosas desde esta perspectiva más amplia, a ver los acontecimientos como parte de un ciclo y no como puntos en una línea que sólo avanza en una dirección, comienza a cambiar y profundizarse nuestro entendimiento del significado y valor de tales eventos.

Las dos figuras en forma de pez, una oscura y una clara, representan las dos energías polarizadas que existen en todo. El aspecto claro es llamado yang, y el oscuro se conoce como yin. El primero a menudo es asociado con las siguientes características: activo, dinámico, agresivo, abierto y expansivo. El aspecto yin se relaciona con las características opuestas: pasivo, estático, dócil, cerrado y retraído. De este modo, en el universo, el cielo es yang y la tierra yin; en un día, el día es yang y la noche yin. Entre los animales, el macho es yang y la hembra yin; en el movimiento, hacia arriba es yang y hacia abajo es yin; en las estaciones, verano es yang e invierno es yin. Caliente y frío, dulce y agrio, alegría y dolor, éxito y fracaso, etc.: la experiencia es una tela tejida de posibilidades polarizadas.

La curva en S entre los dos aspectos indica la intimidad de su interacción e interconexión. Debido al límite en forma de S, sin importar cómo se divida en dos el diagrama, cada mitad siempre tendrá yin y yang. Esto simboliza la inseparabilidad entre los dos opuestos.

El punto claro en la sección oscura, y el punto oscuro en la parte clara, indica que cada uno contiene al otro: en todo yang hay yin, y en todo yin hay yang. En cada ser divino hay una semilla de demonio; en cada demonio hay una semilla de divinidad. Esta es la base del dinamismo de los eventos: siempre hay transformación, porque cada cosa contiene semillas de su opuesto, lo cual da lugar al cambio.

El hecho de que cada punto sea circular, indica que también es un universo completo, dentro del cual hay yin y yang. Estos opuestos no pueden existir separados. Se limitan entre sí, pero también se engrandecen, crean y transforman el uno en el otro. Y todos los eventos y objetos, a toda escala, son expresiones de estas interacciones momento a momento. Lo que se presenta en el plano de las relaciones abstractas, también se aplica a las relaciones de pareja.

Pero, estas interacciones no son procesos al azar: son movidos por un deseo más profundo por parte de ambos aspectos. Ese impulso es el deseo de unidad, a través del cual la división puede ser resuelta, y la unidad primordial restablecida.

Todas las transformaciones del universo son parte del proceso de buscar un equilibrio unificado. Lo mismo se aplica a las relaciones humanas. Lo que se manifiesta como deseo sexual, amor y romance, es una sombra del impulso más profundo del alma por regresar a su unidad original, para de nuevo convertirse en un Tai Chi completo, una entidad plena y equilibrada. Este es el propósito oculto que actúa detrás de las relaciones entre hombres y mujeres. No sólo la existencia humana es una historia de amor, también lo es la historia total del universo, y cada evento dentro de él es un episodio de esa historia.

Así que ahora todo es yin-yang

Una vez que entendemos esto, podemos usar los conceptos de yin y yang para ver los modos en los cuales las cosas se transforman. Por ejemplo, podemos tomar a los hombres como expresiones de yang, y a las mujeres como expresiones de yin, y ver su relación como un ejemplo particular de unión yin-yang. Sin embargo, es importante recordar que la energía yin puede manifestarse en un cuerpo masculino y la energía yang en uno femenino. La interacción del yin y el yang se presenta, desde una perspectiva de orden superior, en una relación amorosa entre dos mujeres o dos hombres, como ocurre en una relación entre un hombre y una mujer. El hecho de que la relación entre masculino y femenino sea una manifestación de la interacción yin-yang, no significa que sea la única manifestación. Toda clase de relación implica polaridad. Sin ésta no hay nada para distinguir las partes. Sin distinción, no hay base para la relación; cuando hay distinción, hay polaridad. La clave es aprender a buscar y ver las polarizaciones que están presentes.

Por ejemplo, una relación tranquila no es muy diferente a olas suaves (yang) pasando sobre una playa bella y arenosa (yin); una relación tormentosa no es muy diferente al golpe brusco de las olas (yang) sobre rocas dentadas (yin). Una de las principales diferencias es que, desde un punto de vista humano, las personas hacen juicios de valores y la naturaleza no. Pero la verdadera esencia de la interacción yin-yang es la misma.

Como seres humanos, somos afectados por el universo entero. Somos íntimamente influenciados por el tiempo y el espacio. Para entender cómo y por qué se manifiestan determinados eventos, debemos comprender la influencia de estos factores universales. No podemos conocernos a nosotros mismos sin entender nuestra situación particular en el espacio y tiempo.

Aquí es donde el feng shui, como se conoce tradicionalmente, entra en escena. En este libro, trataremos las manifestaciones de polaridad en el mundo humano, particularmente en el amor y las relaciones románticas. El feng shui a menudo es considerado sólo como un arte de diseño ambiental, y debido a que esto efectivamente es parte del feng shui, veremos en detalle cómo los espacios vitales específicos pueden afectar nuestras relaciones. Hablaremos de los tipos de energía que se manifiestan en determinados espacios, y qué podemos hacer con esos espacios y energías para diseñar esquemas que alimentarán y fortalecerán, en lugar de socavar, nuestras vidas y relaciones amorosas.

Sin embargo, también superaremos los límites del entendimiento ordinario del feng shui para tratar otros factores como la dieta, el ejercicio, la comunicación y la sexualidad, ya que también pueden tener efectos sobre los patrones energéticos dentro y alrededor de nosotros, lo que a su vez tiene un efecto sobre las relaciones sentimentales. Esto no se sale del conocimiento original y tradicional del feng shui: está íntimamente ligado a la visión tradicional de aplicar sus principios a todos los aspectos de la vida.

2

Los seres humanos y el universo

Desde el punto de vista humano, estamos en el centro del universo. En uno de los más importantes libros del taoísmo, el *Tao Teh Ching* (o *Dao De Jing*), es dicho que hay cuatro grandes cosas en el universo: el Tao, el cielo, la tierra y la humanidad. Esto significa que los seres humanos existen entre el cielo y la tierra, y están gobernados por el Tao, por los principios de la naturaleza. Somos uno de los principales aspectos de la gran unidad orgánica que constituye la existencia. Al mismo tiempo, somos una imagen de ese todo —o, tal vez mejor, somos ese todo, pero en una escala diferente, más condensada—.

El patrón cósmico

Antes de hablar del amor, debemos empezar de un nivel superior, viendo las relaciones humanas en términos de la unión entre el yin y el yang.

Como se mencionó en el capítulo 1, el yin y el yang existen en cada fenómeno, en todos los niveles del universo. También están en los seres humanos, donde generalmente los hombres manifiestan energía yang y las mujeres energía yin. La literatura antigua describe las diferencias —físicas, mentales y emocionales— entre el hombre y la mujer. Estas diferencias son siempre influenciadas por la cultura, religión, raza e historia, además del clima y la región geográfica. A veces, enfocándonos muy específicamente en el nivel masculino-femenino, ignoramos la visión más grande y general. Por esta razón, empezaremos desde el nivel de energía de la relación yin-yang.

Muchas cosas en la naturaleza pueden ser entendidas en términos de yin y yang: abajo y arriba, oscuro y claro, frío y caliente, etc., pero la diferencia fundamental es que una energía está más involucrada con el lado no manifiesto de las cosas, y la otra con el lado manifiesto. Las demás polaridades se derivan de ésta.

Las diferencias entre hombres y mujeres se entienden mejor en términos de aspectos manifiestos y no manifiestos. Los rasgos manifiestos, o yang, tienen que ver con la orientación hacia fuera y la proyección externa; los no manifiestos, o yin, se relacionan con la orientación hacia dentro y las cualidades internas. La manifestación es la norma para los hombres; son menos sensibles a sutilezas que dependen de tener una conciencia de las propias respuestas de uno. En el caso de las mujeres es lo contrario: a menudo es a través de sus respuestas que perciben cosas fuera de ellas mismas. Debido a esto, hay una diferencia en sensibilidad: los hombres se miden por libras y toneladas, las mujeres por onzas y gramos.

Estas polaridades pueden manifestarse en miles de formas en nuestras vidas, ya que los roles entre hombres y mujeres cambian con el tiempo. Sin embargo, la estructura dinámica básica que hemos descrito, sustenta todos los aspectos particulares, sin importar cómo resulten estar configurados en cualquier situación específica. En la medida que podamos reconocer y comprender la diferencia entre las energías yang y yin, podemos empezar a ver cómo se manifiestan en todas las formas posibles en las interacciones entre el hombre y la mujer.

La existencia de esta diferencia es de vital importancia. Debido a dicha polaridad es que hay un impulso de interacción. Sin distinción o diferencia no puede haber polaridad; sin polaridad, no hay flujo de energía.

Ni la energía yin ni la yang puede realizarse sola: cada una necesita su contraparte. Sin contraparte no puede haber trascendencia. Por esta razón, la diferencia puede ser una característica positiva de la existencia. Cuando podamos reconocer y seguir la distinción e interacción entre el yin y el yang en los más evidentes niveles del hombre y la mujer, tendremos mayor capacidad para reconocer las más sutiles combinaciones e intercambios yin-yang en situaciones más complejas.

El drama humano

Si el mundo es un escenario y la vida un drama, entonces toda la historia humana es una obra con millones de personajes. Sin embargo, entre todos estos personajes, a fin de cuentas hay sólo dos roles: hombre y mujer. La diferencia natural entre hombres y mujeres puede ser encontrada en la diferencia fundamental entre yin y yang y sus cualidades asociadas. Los hombres manifiestan más energía yang, y las mujeres más energía yin.

Para determinar cómo funciona esta interacción, es necesario observar ciertos contrastes estándar o convencionales entre yang y yin como a menudo actúan en las diferencias entre hombres y mujeres. Es importante recordar que estos contrastes están bastante simplificados para el propósito de entender la naturaleza de las diferencias involucradas. Los contrastes son casi estereotipos —debido a que representan promedios muy generales o sumarios de un amplio rango de manifestaciones—. Son útiles sólo de la forma en que un promedio lo es: dan una idea de dónde yace el centro de la serie de posibilidades. Pero, como un promedio, no son la historia completa, sólo el más simple comienzo de la misma. Con esta advertencia en mente, podemos continuar viendo cómo funcionan algunos de estos contrastes.

La lógica y el razonamiento son yang; la intuición y el sentimiento son yin. Por consiguiente, en los hombres domina la energía intelectual; en las mujeres, prima la energía emocional. Los hombres piensan con lógica, las mujeres con sentimiento. Sin embargo, de acuerdo con el inevitable intercambio entre yin y yang, los hombres piensan con lógica pero actúan según sus emociones; las mujeres piensan de acuerdo a las emociones pero actúan con lógica. Siempre hay un balance o equilibrio de yin y yang en cualquier entidad.

El cielo, yang, está arriba; la tierra, yin, está abajo. Los hombres (yang) en general tienden a tener una visión amplia, de conjunto; las mujeres (yin) son mucho más centradas, y tienden a estar orientadas hacia los aspectos prácticos de la vida cotidiana. Mientras los hombres meditan asuntos abstractos concernientes al significado, origen y destino de la existencia, las mujeres se aseguran de que la casa esté limpia y habitable, haya comida disponible y el bebé sea alimentado.

Las grandes visiones son yang; los detalles son yin. Los hombres son más ambiciosos, tienen un sentido de misión, quieren adoptar grandes causas y conquistar el mundo, o desean tener fama mundial. Las mujeres, aunque poseen los mismos talentos que les permiten a los hombres satisfacer sus ambiciones, fundamentalmente se enfocan en el amor, las relaciones y la familia, los asuntos más importantes en sus vidas.

Yang, la energía del cielo, es dinámica y expansiva; yin, la energía de la tierra, es estática y contenida. Los hombres son naturalmente más audaces, directos y persistentes. Las mujeres son más sensibles, finas y tiernas. Los hombres, manifestando energía yang, tienden a estar más separados en mente y cuerpo que las mujeres, quienes a su vez, manifestando energía yin, tienden a ser más unidas e integradas.

Hay una lista larga de tales comparaciones y contrastes generales. Todos se derivan de la diferencia inherente entre las naturalezas yin y yang. El hecho de que estas diferencias existan es un milagro y una bendición. Gracias a esta polaridad surge el impulso que hace que las personas se atraigan.

Pero, cuando las personas no entienden o aceptan tales diferencias, éstas pueden ser un problema, incluso en los aspectos más cotidianos. Por ejemplo, a menudo los hombres se quejan de que las mujeres duran una eternidad vistiéndose antes de salir. Una mujer podría probarse ropa durante una hora y terminar usando lo que se puso inicialmente. Ir de compras es otra situación en la que hay diferencias visibles. Los hombres suelen hablar de mujeres que pasan mucho tiempo probándose vestidos, los cuales parecen fabulosos, y al final no compran nada.

Por otro lado, las mujeres siempre se quejan de que a los hombres no les gusta quedarse en casa. Entre parejas que trabajan, separadas toda la semana, cuando finalmente llega el fin de semana muchos hombres desean salir o ver deportes con sus amigos, en lugar de pasar el tiempo con sus esposas.

Estos pequeños desacuerdos pueden conducir a riñas crónicas que a su vez podrían llevar a la separación. Muchas parejas amorosas rompen sólo por estos asuntos triviales. Las personas son muy conscientes de este fenómeno, pero el problema persiste, a pesar de los consejos y opiniones de expertos que son fácilmente disponibles.

La raíz del problema es que, aunque las personas saben que existen estas diferencias, no entienden por qué o no las aceptan sinceramente. Abrigan la esperanza de que sus parejas algún día y de algún modo cambiarán. Pero tales diferencias son sólo manifestaciones de la ley natural. Así como no desearíamos cambiar la naturaleza para que de los árboles caigan hojas en la primavera y crezcan en el otoño, no debemos cambiar las diferencias entre las personas.

Las mujeres necesitan tiempo, los hombres espacio

Veamos las diferencias en términos de un entendimiento de orden superior. El universo consta de tiempo y espacio. El tiempo es yang; el espacio yin. Las mujeres están inherentemente más conectadas con el espacio (yin), y por eso buscan tiempo (yang) para complementar el factor yin. Por esta razón las mujeres requieren de más tiempo. Pueden pasar una hora o más escogiendo la ropa adecuada para un paseo o reunión social; podrían probarse muchos trajes en un gran almacén o centro comercial. No es un asunto de "¿qué vestido debería usar?". Una mujer ya sabe lo que debe usar, por eso a menudo se lo prueba inicialmente. En realidad, necesita más tiempo para procesar y valorar sus sentimientos. Por esta razón, las mujeres también se centran más en los detalles: los detalles requieren de mucho tiempo. Por otro lado, los hombres necesitan más espacio (yin) para complementar sus inherentes cualidades yang. Cuando un hombre no pasa el tiempo libre con su esposa, no significa que no la ame ni quiera estar con ella.

A menudo, durante el noviazgo, los hombres quedan perplejos al descubrir que cuando las mujeres dicen "no", quieren decir "sí". Es cierto que en ocasiones, cuando una mujer rechaza los avances de un hombre, no pretende decir "no" tanto como "no aún" o "no ahora". Debe ser recalcado que esto no significa que cuando una mujer dice "no" quiere decir "sí". En lugar de eso, en el noviazgo o situaciones similares, cuando una mujer dice "no", no siempre quiere decir "absolutamente no". Lo que a menudo comunica es que no quiere ser apresurada, que desea y necesita tiempo para procesar lo que está sucediendo.

Por otra parte, las mujeres suelen quejarse de que durante el cortejo los hombres son más constantes, pero tan pronto como ellas dicen "sí" y la relación se estabiliza, ellos pierden el interés mostrado hasta el momento y empiezan a solicitar espacio a su alrededor.

Este es otro aspecto de la misma diferencia inherente entre hombres y mujeres. Las mujeres necesitan tiempo, y los hombres necesitan espacio.

Sólo entendiendo que estas son expresiones de leyes y procesos naturales, podemos empezar a tener compasión y tolerancia por estas diferencias, y actuar en función de ellas.

Estar feliz o triste, a veces tiene que ver con el punto de vista: si vemos la situación en términos de procesos naturales, podemos aceptarla; si la tomamos como un evento desagradable intencional, la encontraremos insoportable.

Una vez conocí a una hermosa bailarina en Beijing, quien se había casado con una popular estrella del fútbol. Sus carreras requerían que trabajaran en ciudades diferentes, y sólo podían estar juntos los fines de semana. Ella me dijo que al comienzo estaba muy molesta por el comportamiento de su esposo. Cada vez que llegaba a casa el fin de semana, terminaba pasando gran parte del tiempo con sus amigos, no con ella. Después de un tiempo, esta mujer llegó a la conclusión de que tales relaciones eran una parte importante de la vida y carrera de su esposo. En lugar de tratar de mantenerlo en casa (lo cual conducía a disputas e infelicidad) comenzó a animarlo para que saliera con sus amigos. Eventualmente, él empezó a sentirse culpable —y luego comenzó a invitarla a salir—. De hecho, ella se sintió muy bien en ese círculo de amigos, y al salir con su esposo podía pasar el tiempo juntos y al mismo tiempo alternar con estas otras personas.

Un caso similar pero opuesto podría ser un esposo a quien constantemente su mujer le pide que la acompañe a hacer compras, y termina esperando un largo tiempo sin nada que hacer mientras ella se prueba vestidos, o examina minuciosamente todas las toallas o muebles disponibles. Si el esposo invita a un amigo y su esposa para que los acompañen, las mujeres pueden pasar el tiempo comprando mientras ellos disfrutan de una charla tomando café.

Estos son sólo ejemplos de la forma en que pueden ser resueltos los conflictos que surgen por las diferencias entre hombres y mujeres. Ya que cada pareja tiene su propia configuración, cada resolución puede ser única. Sin embargo, lo que todas comparten es la capacidad de reconocer las diferencias y actuar en función de ellas, en lugar de ignorarlas o reprimirlas.

El yin y el yang se atraen y repelen entre sí. La armonía es el estado de equilibrio dinámico de estos dos movimientos. Estar en armonía no significa que uno pierda su propio carácter o identidad por el otro. Como seres humanos, no hay diferencias entre hombres y mujeres. Sin embargo, como vehículos de energía, difieren enormemente. Si un hombre se torna como su esposa o novia, se hace menos estimulante para ella —y viceversa—.

Cuando un hombre ha estado viviendo con una mujer por un tiempo, a menudo cree que la conoce. Pero, debido a que ellos no son mujeres, no pueden entenderlas por completo. *A menudo, con lo que estamos más familiarizados, es lo que menos entendemos.* La familiaridad no es lo mismo que la comprensión.

A veces, el hombre interrumpe toscamente a una mujer cuando ella trata de explicar algo en detalle, asumiendo que ya sabe lo que sucede. Al hacerlo, el hombre comete dos errores. Primero, cree que sabe toda la historia, pero en realidad puede no haberla comprendido. Segundo, ignora el hecho de que a través de los detalles las mujeres procesan sus sentimientos respecto a la situación: bloquear la exploración de detalles es interrumpir este procesamiento de sentimientos.

Al otro lado de la interacción, la mujer a veces sospecha que el hombre no está siendo comunicativo, que le oculta sus pensamientos, y lo somete a una especie de interrogatorio para averiguar lo que piensa. Pero, en realidad, él puede no estar pensando en nada en lo absoluto. Debido a que no comunica en detalle sus pensamientos, la mujer puede creer que está ocultándole los pormenores —cuando tal vez no hay detalle alguno—. El hombre puede estar satisfecho con una conclusión y unos puntos que la establecen, y quizás no ve la necesidad de profundizar en el asunto.

Refresquemos nuestra memoria respecto al diagrama del Tai Chi. El yin y el yang son relativos, no absolutos. Nada es totalmente yin o totalmente yang. Siempre hay yin en yang y viceversa. Cuando hablamos de mujeres que inherentemente encarnan energía yin, u hombres encarnando energía yang, no queremos decir que las mujeres son puro yin o los hombres puro yang. Es sólo que ellas tienen una cualidad predominante yin, y los hombres una cualidad predominante yang. Esto podría ser visto como una proporción setenta/treinta.

Un concepto erróneo común es la creencia de los hombres que deben ser muy varoniles para conseguir la atención de las mujeres, y que las mujeres piensen que atraerán a los hombres siendo más femeninas. Por supuesto, si una mujer no es femenina o un hombre no es masculino en lo absoluto, la mayoría de las veces cualquier posible relación es bloqueada antes de que pueda empezar.

Tener algunas cualidades yang hace a una mujer más completa y deseable. Como la ternura y el refinamiento pertenecen a yin, una mujer con gran fuerza interior complementará dichas cualidades, y se destacará debido a este equilibrio. Al igual, un hombre ideal tendrá algunas características yin. Los hombres sobresalen no sólo por ser fuertes, sino porque también tienen cualidades yin tales como dulzura o sentido del humor. Las mujeres dan por sentada la fuerza masculina; ninguna es feliz con un hombre quejumbroso. Aunque ellas aprecian la fortaleza superficial de un hombre, a menudo se enamoran de uno que tenga cierto aspecto de debilidad que les permita sentir que pueden ofrecerle algo.

Un hombre carismático o popular puede tener miles de admiradoras —pero quizás se rendirá a la mujer que comprenda su debilidad—.

Es un asunto de equilibrio. Debe haber algo de yin en yang, y viceversa.

El yin y el yang son expresados en contrastes absolutos: abajo/arriba, derecha/izquierda, misterio/familiaridad. Este último es un contraste porque una buena relación también requiere un equilibrio de conocimiento y misterio. Si las dos personas se conocen demasiado, como hermanos, es difícil crear una chispa de romance. Si están muy separados, y no pueden comprenderse en lo absoluto, no hay base para una relación romántica o amorosa.

Al igual, también surge la pregunta sobre la necesidad de una total honestidad entre amantes. La sinceridad mutua es crucial para una buena relación; sin embargo, la honestidad absoluta no es práctica. A todos se les debería permitir tener sus propios secretos —y algunos de éstos incluso son sagrados—, pero de otra manera es mejor ser abiertos mutuamente.

Un contraste de yin y yang también existe entre los celos y la tolerancia. Una relación romántica sin la posibilidad de los celos es incompleta.

En el amor y el romance, no hay mucha diferencia entre rey y sirviente, o reina y criada: todas son manifestaciones de energía yin y yang. Desde el punto de vista del yin-yang, la energía universal, estatus, fama, riqueza y belleza (o sus opuestos) no son relevantes. Al alinearnos con la energía universal, debemos reconocer que cumplimos roles y comprender cuáles tenemos; pero dentro de ellos deberíamos ver el rol más fundamental, el papel que jugamos en la interacción yin-yang.

Cuando reconocemos la interacción yin-yang, podemos actuar con ella, en lugar de simplemente ser regidos por su fuerza. No podemos separarnos de esta interacción siendo parte de la existencia, pero podemos actuar con inteligencia con ella. Cuando logramos un buen entendimiento de la interacción yin-yang, tenemos una mejor base para comprender las relaciones románticas.

Las relaciones sin esfuerzo

El enfoque usual de las relaciones románticas tiene mucho que ver con las historias que todos hemos aprendido acerca de luchar para superar dificultades, de la necesidad de trabajar duro para alcanzar el éxito, de triunfar sobre la adversidad. No hay nada malo con trabajar duro. Este tipo de enfoque funciona bien empezando una carrera, trabajando una granja o aprendiendo a fondo un arte, pero no se aplica a las manifestaciones internas de energía en las relaciones personales. Ser guiados por estereotipos tradicionales acerca de las relaciones, puede volvernos inflexibles y limitar nuestra visión, haciendo más difícil ver que hay más en las relaciones que sólo cortejo y conquista.

En una ocasión, un joven se quejaba por su frustración en sus relaciones. Dijo que en su trabajo, si se esforzaba mucho, podía estar seguro de que ello lo conduciría a un ascenso en un período de tiempo específico y a un progreso ordenado en su carrera. Pero no había forma de asegurar lo que podría obtener de una relación, sin importar qué tanta energía y esfuerzo invirtiera en ella. Le señalé que, aunque eso era muy cierto, ignoraba el otro lado: en las relaciones muchas cosas "simplemente suceden", y no requieren excesivo esfuerzo.

A fin de cuentas, las cosas siguen el patrón de la naturaleza: lo que mueve a las personas es lo que mueve a los planetas y las estrellas. Este es el patrón fundamental de la existencia: no es un accidente o una intrusión. Es lo que sucede en forma natural. No necesitamos forzarlo, sólo dejar que siga su propio curso.

A menudo nos enseñan que debemos aprender estudiando con gran dedicación; necesitamos aprender a concentrarnos y esforzarnos. Estas lecciones nos ayudan en cierta forma, pero pueden seguir un enfoque desequilibrado de las energías cósmicas. El esfuerzo y la concentración no son en sí necesariamente buenos. Demasiado esfuerzo puede hacer que ignoremos el flujo natural de las cosas, o interferir en él en forma contraproducente. Demasiada concentración puede hacernos perder la visión de conjunto.

Los procesos naturales son simples y fáciles. En la naturaleza, las cosas siguen su propio curso. El agua fluye río abajo; el fuego se irradia hacia arriba y hacia afuera. Estos procesos ocurren sin esfuerzo. Nuestra propia ignorancia y el orgullo es lo que nos incita a interferir, a torcer o deformar el curso de la naturaleza.

Un exitoso hombre de negocios chino una vez me dijo que había intentado con desespero cortejar a una hermosa compañera de clase, incluso siguiéndola a los Estados Unidos cuando se fue a estudiar a este país, aun cuando ella no le prestaba mucha atención. Luego de unos años, cuando la mujer fue rechazada por alguien que amaba, por fin aceptó casarse con él. Pero tan pronto como contrajeron matrimonio, el ilusionado hombre se encontró decepcionado por completo. Había estado atraído por la belleza de la joven, y su atracción por ella se basaba más en la vanidad que en un vínculo interior. Es natural trabajar con esfuerzo por lo que queremos, pero cuando el deseo es vacío, los resultados al alcanzarlo tendrán el mismo contenido.

A veces nos salimos de nuestro camino para conseguir algo y luego descubrir que, una vez que lo obtenemos, no era lo que en realidad queríamos. De hecho, a menudo es cierto que lo que requiere un esfuerzo extremo e inusual para conseguirse, no es algo que se debe buscar. Esto sucede con frecuencia en las relaciones personales.

¿Cómo sabemos cuándo estamos atrapados en este tipo de esfuerzo contraproducente? A través de la conciencia. Nuestro orgullo y dependencia nos impide ver la verdadera naturaleza y el valor de las cosas, la verdadera relación entre las energías en cualquier situación.

La clave es seguir el flujo sin esfuerzo de la naturaleza. El aspecto más importante de esto es aprender cuándo no interferir, cuándo dejar que las cosas sigan su propio curso, cuándo y cómo confiar en procesos fuera de nosotros mismos y nuestro control directo. Debemos aprender a aceptar un punto de vista en el cual somos pequeños y llevados por las grandes corrientes de la vida.

Pero si la simplicidad del flujo sin esfuerzo es realmente la clave de la armonía, ¿por qué las personas no se dejan llevar por las corrientes de la vida? ¿Por qué tantas luchas infructuosas? ¿Por qué las personas continúan luchando?

La fuente interior

La razón por la que seguimos en una lucha infructuosa es que hemos olvidado algo muy importante acerca de nuestro mundo. Somos como individuos que nos miramos ante un espejo pensando que estamos mirando a través de una ventana. Hemos llegado a creer que la escena reflejada es la única que existe y es la verdadera.

El mundo reflejado que hemos tomado como el verdadero es lo que llamamos mundo "exterior", el cual experimentamos a través de nuestros seis sentidos.

Sin embargo, en realidad, todo entendimiento y manifestación fluye de adentro hacia fuera. Todo empieza con la conciencia: tenemos seis sentidos para poder ver, oír, oler, probar, sentir y pensar. Esto provee la base para reconocer el universo y nos relacionemos con él, y así reconozcamos nuestra propia existencia.

Pero debido a que estos seis sentidos nos permiten recibir información del mundo exterior, llegamos a creer que lo que sabemos proviene de él. Pensamos que aprendemos más al concentrar nuestra atención hacia fuera, en lugar de atender a lo que sucede a nivel interior. Creemos que los objetos de la conciencia son la fuente de la misma. Este es el comienzo de muchas dificultades.

Para empezar, la información del mundo externo está sujeta a toda clase de distorsiones. No tenemos acceso directo a lo que sucede fuera de nosotros, pero nuestras percepciones crean impresiones, y usamos éstas para crear juicios de lo que ocurre. Luego olvidamos que hemos hecho esto, e identificamos nuestras impresiones con lo que está afuera, sin importar qué tan precisas o inexactas puedan ser tales impresiones. A menudo somos como personas que ven una cuerda y la confunden con una serpiente, y debido a nuestro sobresalto y temor, decidimos que debe ser una serpiente, sin detenernos para pensar en cómo llegamos a formar esa impresión o juicio.

Aunque la conciencia debería empezar en el interior, conociéndonos a nosotros mismos, hay razones para que tendamos a mirar en el sitio equivocado. No miramos a nuestro interior porque los sentidos se enfocan —o, parecen enfocarse— hacia el mundo exterior. Además, hemos desarrollado ciertos mecanismos autoprotectores, que nos protegen de lo que podría convertirse (o lo que tememos que podría convertirse) en una paralizante duda en sí mismo.

Esta tendencia a protegernos conduce a un prejuicio o una distorsión inconsciente en nuestro conocimiento de nosotros mismos. Pero el autoentendimiento preciso es decisivo: provee una base fundamental para nuestras acciones en el mundo. Necesitamos conocer nuestras fortalezas y debilidades inherentes —físicas, emocionales e intelectuales—. Al saberlo, podemos escoger la dirección correcta. Saber que usted tiene una altura promedio, le da información útil respecto a tratar o no de convertirse en un jugador de baloncesto profesional. Ser consciente de que es introvertido (y siente que no cambiará), le da información útil para decidir si un trabajo en ventas sería conveniente.

Mirar hacia fuera es yang; mirar hacia dentro es yin. Nuestros hábitos están muy predispuestos en favor del yang; sólo corrigiendo este desequilibrio, podemos tener una visión más precisa de qué y quiénes somos en realidad.

La primera relación

Al hablar de las relaciones amorosas, debemos empezar con la relación fundamental, la que uno tiene consigo mismo. Para hacerlo, debemos cultivar el autoconocimiento.

Somos felices cuando otras personas nos conocen y aceptan —pero no podemos saber si en realidad lo hacen, a menos que nos conozcamos a nosotros mismos—.

El desarrollo del autoconocimiento empieza con cosas básicas, tales como ser conscientes de respirar. La respiración es uno de los aspectos más poderosos de la existencia humana; es la puerta entre la vida y la muerte. De la conciencia de respirar nos hacemos conscientes de nuestros pensamientos, emociones, valores, fortalezas, debilidades, talentos y desventajas, además de las capacidades físicas.

También es importante reconocer nuestros pensamientos a todo momento. Esta es una de las herramientas más poderosas para mejorar y progresar. Si estamos enojados, en el momento en que somos conscientes de la situación, la ira puede ser disuelta. Las personas generalmente encuentran difícil mirarse en el espejo y gritarse a sí mismas.

Conocerse a sí mismo es la base para establecer una relación con uno mismo. Esta conciencia no debe ser sólo estática: debe ser un conocimiento de nuestros patrones dinámicos, de cómo cambiamos, de lo que nos ha guiado a donde estamos y nos influencia en el momento a continuar cambiando a patrones nuevos o diferentes. Mientras cultivamos este tipo de conciencia, también somos más conscientes de las inflexibilidades y resistencias que nos impiden adaptarnos fácilmente a lo que sucede a nuestro alrededor. Este conocimiento puede ayudarnos a disolver tales obstáculos y ser más flexibles, adaptándonos a las situaciones. Somos más conscientes de los mismos patrones en otras personas, y llegamos a comprender su comportamiento como si fuera el nuestro.

Cuando empezamos a cultivar el autoconocimiento, formamos opiniones y juicios. Hay cosas que podemos aceptar o incluso disfrutar, y cosas que nos negamos a aceptar. Pero con un entendimiento más profundo, la presencia constante de cosas que no disfrutamos, nos guía a ver lo que no podemos simultáneamente conocer y resistir de la conciencia. Es propio de la naturaleza humana buscar cosas agradables y evitar las desagradables. Pero, ¿qué es "lo desagradable"? ¿Qué hace a algo "negativo"? Que una cosa sea fea o hermosa, cómoda o incómoda, no sólo depende de la cosa en sí, sino de nuestra percepción de ella. La serpiente y la anguila son muy similares, pero los pescadores adoran esta última y odian las serpientes. Muchas personas encuentran horripilantes las orugas, pero quienes crían gusanos de seda (que, después de todo, son orugas) los consideran hermosos. Una vez que la reacción y la percepción son tenidas en la conciencia, se hace más claro que no hay una relación necesaria entre una determinada cosa y la reacción particular frente a ella. Estas relaciones surgen de la persona que experimenta el evento, y ya que los valores y percepciones de la persona cambian, la experiencia también puede cambiar.

Es importante poder aceptar y reconocer lo que está sucediendo en cualquier momento de la experiencia. Sólo al hacerlo, es posible tener un entendimiento preciso de dicho momento.

Muchos de nuestros gustos y aversiones se derivan de ciertos tipos de ataduras. Es inevitable que en cualquier mundo imaginable haya diferencias, y éstas pueden ser vistas como "mejores" o "peores".

En la naturaleza, hay hierba, árboles grandes y arbustos. Cada uno tiene su propio lugar y forma de crecer. Algunas personas podrían pensar que la hierba es "ordinaria" porque se esparce horizontalmente, no hacia arriba como un enorme árbol. Pero, ¿la hierba —o, el árbol grande— siente lo mismo? Indudablemente, la hierba se siente a gusto siendo hierba, y los árboles se sienten bastante ordinarios siendo árboles.

Lo mismo ocurre con las características interiores. Si, cuando se mira por dentro, encuentra algo repugnante o espantoso, no se encoja de miedo ni trate de ver otra cosa. Esa visión repugnante es lo que está ahí en el momento: debe ser mantenida en la conciencia, no sacarla de ella. Sin embargo, esto no significa que debería aferrarse a ella y negarse a dejarla salir.

Aceptación divina

En el *Tao Teh Ching*, se dice que debemos aprender de la tierra. ¿Qué nos enseña la tierra? Enseña la aceptación. Todo lo que desechamos, lo damos a la tierra, y ella lo acepta y transmuta. A su vez, la tierra nos brinda apoyo y produce cosas para alimentarnos. Sin aceptación, no puede haber entrega, transformación ni amor.

Encontramos difícil aceptar las cosas negativas, imperfectas, feas, etc. Por supuesto, nadie está satisfecho consigo mismo. La vida está llena de imperfecciones, y la inevitabilidad de éstas es difícil de aceptar. Pero, la imperfección es el impulso y la motivación para toda acción o creación. Si el mundo fuera perfecto, no habría nada que hacer, nada que alcanzar. La dedicación al arte, la música, la literatura, la poesía o el descubrimiento científico, surge de la lucha con la imperfección. Los frutos de todo este trabajo nos ayudan a ver el valor y la belleza de la imperfección.

Antes de pedir a las personas que nos acepten o amen, debemos aceptarnos y amarnos a nosotros mismos, y estar agradecidos por lo que somos. Nuestras imperfecciones no son cosas para estar complacidos, pero nos guían a buscar algo mejor. Cuando somos conscientes de esto en nosotros mismos, podemos entenderlo en los demás —y ellos, a su vez, pueden darse cuenta de lo mismo en nosotros—.

Poder aceptar y amarse a uno mismo es sólo el comienzo de la historia. Aceptar la realidad del momento no significa aferrarse a él. Sólo si el tren llega a la estación, puede seguir a la siguiente estación. Aceptamos las cosas para que nuestras acciones puedan ser centradas en ellas. Aceptar la realidad de la situación presente, no significa estar limitado por ella; significa saber el lugar del cual uno comienza, y cuando eso se sabe, el siguiente paso es iniciar el viaje.

A veces cometemos un error y la realidad cambia, pero encontramos difícil aceptar la situación, y perdemos energía meditando con tristeza lo que pudo o debió haber sucedido. Esto es simplemente una pérdida de tiempo y energía. Las cosas que existen no pueden ser disipadas: tienen que ser tratadas para cambiar la situación en lo que podría y debería ser.

El cambio es el único aspecto no cambiante de la existencia. Debemos constantemente aceptar y avanzar. Progresamos en la medida que podamos aceptar las cosas; si aceptamos lo que somos y el lugar donde estamos, avanzaremos más allá de ese punto.

Ser conscientes, aceptar y progresar —esta es la preparación fundamental para que establezcamos relaciones buenas y amorosas con las personas—. Es el comienzo —y también el final—.

Las relaciones exitosas no tienen que ver con obtener algo fuera de nosotros mismos. Se trata de manifestar lo que está en nuestro interior en formas que se ajusten con lo que es manifestado por otros alrededor de nosotros. En la naturaleza, las cosas suceden con facilidad. Si nos encontramos luchando y batallando en el mundo, quizás estamos tratando de forzar las cosas en contra de la naturaleza. Cuando estemos bien preparados, las cosas que están en armonía con nosotros nos llegarán naturalmente.

Por esta razón, debemos primero concentrarnos en volvernos armoniosos y afectuosos, capaces de tener una buena relación con nosotros mismos. En la medida que nos preparemos interiormente, nos convertimos en una especie de radioestación, emitiendo nuestra alegría y felicidad al mundo, a todos los radios que están sintonizados en la misma frecuencia. Haciendo esto en un comienzo, iniciamos con lo que tenemos el máximo control: nuestro propio carácter y nuestras acciones y reacciones. Cuando hayamos profundizado el entendimiento de nuestros propios sentimientos y reacciones, podremos empezar a tratar los factores externos que nos afectan, porque seremos capaces de percibir estos efectos con mayor precisión.

3

¿Tu lugar o el mío?

El tiempo indicado, el lugar correcto y las personas apropiadas: estos son los ingredientes esenciales para el éxito en cualquier actividad humana. Si un ingrediente es inadecuado, será un viaje difícil para alcanzar el objetivo. Si faltan dos ingredientes, cualquier intento por tener éxito será simplemente un sueño.

El lugar es uno de los factores esenciales para cualquier actividad humana —y de este modo, naturalmente, para el amor y las relaciones románticas—. Por esta razón, es crucial hablar del lugar, que está ligado al principio de la tierra, el elemento asociado con alimento, unión, apoyo y protección.

Aunque nos enfocamos en factores humanos en el capítulo anterior (emociones, inteligencia, etc.), es importante entender que somos parte de la naturaleza, y que cada característica humana está íntimamente ligada a las características de unidad más grande, el universo. El cuerpo humano es un sistema abierto, al igual que el universo. Siempre estamos en la unidad más grande, y somos permeables a ella, que a su vez también es permeable a nosotros. *No podemos existir más allá o fuera del lugar.*

Somos según donde vivimos

Las características genéticas que marcan las diferencias entre seres humanos, son el resultado de procesos evolutivos que fueron formados por varios ambientes naturales. Los rasgos genéticos pueden tomar millones de años para formarse. Pero los entornos también tienen impacto sobre las características no genéticas, y han sido observados y registrados durante miles de años en muchos libros de feng shui clásicos. El entorno espacial forma nuestro carácter, personalidad y emociones.

Todos somos conscientes de que respondemos a nuestro entorno. Un lugar pequeño y encerrado, o uno abierto y expansivo, evocan diferentes emociones y respuestas. Un lugar alto con una gran vista, o un valle bajo con visibilidad limitada, también nos afectan de manera distinta. En un restaurante, sentarse junto a la entrada o la puerta de la cocina, se siente muy diferente a hacerlo en un rincón seguro y tranquilo. Por esta razón, en cualquier espacio público o privado, intuitivamente escogemos determinados sitios en lugar de otros.

Los lugares también afectan a la gente a nivel de grupo. Los grupos de personas mostrarán claras diferencias dependiendo de si viven en una gran ciudad, cerca a una gran extensión de agua, en un desierto o en las montañas. Los citadinos piensan, actúan y se relacionan de manera distinta a las personas que viven en el campo, incluso si comparten la misma cultura y religión. Los habitantes de la ciudad tienden a ser más ingeniosos, astutos y desenfrenados; quienes viven en las montañas tienden a ser más observadores, relajados y reservados. Incluso hay diferencias entre las personas que habitan distintos tipos de montañas: quienes viven en terrenos áridos tienden a ser más directos, mal educados e incluso violentos que las personas que moran en montañas exuberantes y boscosas.

La energía manifiesta la realidad

¿Cómo sucede esto? ¿Cuál es la influencia fundamental detrás de estas diferencias? Eruditos de muchos campos a lo largo de la historia han sugerido explicaciones en términos de religión, cultura, geografía o patrones climáticos. Para observar los factores causales básicos, debemos ver las cosas en términos de principios de orden superior.

De acuerdo a los conceptos del feng shui, estas diferencias son debidas al factor fundamental o esencia universal llamada "qi" (también deletreada "chi") en chino. Según la metafísica china, el elemento esencial y más fino del universo es el qi. Se dice que no tiene forma ni imagen: es más pequeño que cualquier cosa que pueda ser imaginada, y al mismo tiempo trasciende todo a una escala mucho más elevada de lo que se puede pensar. Todo lo que se manifiesta es una transformación y manifestación del qi. El qi se convierte en forma, y la forma se convierte en qi.

El qi no puede ser medido, visto, cortado o puesto en una caja. No es una "cosa" como un trozo de madera o una piedra. Qi es un término para algo que es reconocido en muchas tradiciones, aunque cada una le dé un nombre diferente —prana, qi, neuma, energía etérea, espíritu, etc.—. En la Biblia, la historia de la creación de Adán involucra a Dios soplando el aliento de vida en él.

Muchos llaman a esto "energía vital". Según los conceptos chinos tradicionales, la energía vital es sólo un aspecto o manifestación del qi. El qi es entendido como la energía organizadora detrás de toda clase de manifestación, viviente y no viviente, sensitiva o no sensitiva, grande o pequeña.

La forma define la energía

Como ejemplos, veamos las simples imágenes del cuadrado y el círculo (Figura 3.1).

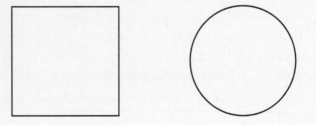

Figura 3.1: Cuadrado y círculo

La mayoría de nosotros al mirar estas dos figuras notamos que por ellas surgen sentimientos diferentes. Esto debe significar que las imágenes tienen un impacto, psicológico o fisiológico, sobre nosotros. ¿Por qué ocurre esto? Podríamos decir que las dos figuras proyectan diferentes tipos de qi, o energía, hacia nosotros, y originan respuestas distintas.

Si estos diagramas bidimensionales pueden marcar tal diferencia, entonces el mundo tridimensional en el que vivimos, con sus diversas formas, debe estar constantemente influenciándonos aun más.

Cuando las personas exteriorizan felicidad por medio de la risa, sus labios tienden a plegarse hacia arriba, y en el caso de tristeza, a plegarse hacia abajo. Los labios manifiestan diferentes energías de acuerdo a la forma que tomen en las expresiones faciales. Del mismo modo, una cara hermosa o una poco atractiva, un niño saltando o un anciano caminando inclinado, manifiestan diferentes *formas* y revelan distintos tipos de energía. Podemos ver estas formas en personas, habitaciones, casas y otros lugares. De esta manera, también podemos observar las diferentes composiciones de los paisajes. Montañas, colinas, terrenos planos, ríos y lagos —todos manifiestan diferentes energías de acuerdo a sus formas, y tienen efectos característicos sobre las personas que viven con ellos—.

En este capítulo, nos enfocaremos en el impacto de nuestros espacios vitales inmediatos —la casa o habitación en que vivimos, por ejemplo—. La forma de una casa —su relativo tamaño, forma, planta, diseño (además de su color, muebles y decoración)— naturalmente tiene un efecto muy directo sobre las personas que la habitan. Esto afecta la salud, el estado emocional, la prosperidad y, por supuesto, las relaciones personales, incluyendo las románticas.

La antigua pregunta "¿tu lugar o el mío?" puede tener implicaciones más profundas que lo que la mayoría de gente piensa.

Una casa ideal para el amor y el romance

¿Qué tipo de casa o vivienda puede edificar las relaciones amorosas?

En términos del feng shui, un lugar afecta las relaciones, la salud y la prosperidad. Naturalmente, también afecta las relaciones románticas, pero no es posible separar alguno de estos efectos específicos del efecto general. El feng shui es un enfoque holográfico, y tiene en cuenta todo el sistema, no sólo un fragmento de él.

Una casa ideal es aquella que tenga abundante qi. Esto se manifestará en una *buena localización*, una *forma saludable*, un *flujo suave de energía* y un *ambiente cálido o afectuoso*.

La buena localización significa un ambiente equilibrado y armonioso. En la terminología clásica del feng shui, esto significa que se involucran cuatro características: *dragón*, *guardián*, *área de energía* y *agua*. El dragón se refiere al apoyo detrás de la casa. Este apoyo consiste en una colina, un edificio o incluso un terreno plano —en lugar de, por decir algo, un acantilado o barranco—. El guardián se refiere a construcciones a cada lado de la casa, que no debería estar aislada o cercada por edificios imponentes o construcciones estrechas o atestadas. El área de energía es donde se ubica la casa (o edificio): debe estar bien protegida y sanamente configurada, de tal forma que la energía pueda fluir y condensarse. El agua se refiere al espacio abierto que debe estar frente a la construcción, permitiendo que la energía entre y se acumule, y teniendo en cuenta la proyección, expansión y amplitud de visión de sus habitantes.

La forma saludable significa que la construcción debe estar bien integrada y tener una apariencia agradable, no demasiado extraña o inquietante, sin reparar en su tamaño o los materiales usados. No debe ser muy fragmentada o cortada cuando se mira en detalle o a primera vista. La planta de una residencia debe ser por lo general rectangular o cuadrada.

Un flujo suave de energía está relacionado con las divisiones y disposición de la construcción. El espacio interior no debe ser demasiado abierto, como en una habitación grande, o muy confinado, dividido o confuso, como un laberinto. Cada habitación de la casa deberá estar bien conectada a la energía que fluye a través de ella.

Un ambiente cálido y afectuoso se refiere a la sensación de abundancia y confort que algunos lugares parecen ejercer en las personas sin razón aparente. Nuestro cuerpo energético intuitivamente responde a la energía de un espacio. Si la energía de un lugar armoniza con nuestra propia energía, nos sentiremos cómodos, incluso si no podemos encontrar una razón para que eso ocurra. En general, si las tres condiciones anteriores (localización, forma y flujo de energía) son cumplidas, sentirá un ambiente acogedor en el lugar.

La forma saludable produce energía saludable y tiene un efecto saludable. Estas cualidades energéticas son manifestaciones de la forma o estructura del entorno inmediato, y de la disposición, el tamaño y la forma de la construcción. Este es el requisito básico para una casa ideal, y de este modo para buenas relaciones, prosperidad y salud.

Con estos criterios cumplidos, podemos ver elementos más específicos.

La entrada principal: la clave para diferenciar lo masculino y femenino

La entrada principal es la cara de la casa, que define el carácter energético de la misma. Define la configuración yin-yang de la vivienda y determina si es masculina o femenina. Además, la entrada principal es como la cara humana: revela naturalmente el carácter social y la personalidad. Una puerta que dé directamente a la calle, muestra una cualidad más directa y sin vacilación que una volteada noventa grados, que ejerce una sensación más oscura y retraída. Una puerta debe ser fuerte, estable y fácilmente visible, pero no escondida.

Cuando la entrada principal está en el centro, como en la mayoría de casas tradicionales, la izquierda y derecha son iguales —esto es, el yang y el yin están equilibrados, y sus cualidades se manifiestan de forma balanceada—. Si la energía principal se inclina demasiado a un lado, se crea un desequilibrio. Si la puerta está al lado izquierdo de la casa (estando adentro y mirando hacia fuera), la masa de la vivienda se expresa más como energía yin, y alimentará más otras cualidades yin. Esta es una "casa femenina", y hay mayor probabilidad de que quienes viven en ella manifiesten más fuerza con esa cualidad.

Por otra parte, si la puerta está más cerca a la esquina derecha (de nuevo, desde adentro mirando hacia fuera), esta es una "casa masculina", que es dominada por fuerzas masculinas y fortalece más las energías yang. Esto no dará tanto apoyo a las energías femeninas.

¿Qué tiene que ver la localización de la puerta con las energías yin y yang? Está directamente relacionada con el flujo de energía dentro de la casa, en el sentido de las manecillas del reloj o al contrario. Cuando la energía fluye en el sentido de las manecillas del reloj, la fuerza es yang; cuando fluye a la inversa, la fuerza es yin, como es mostrado en la figura 3.2.

Figura 3.2: Casa masculina (izquierda)
y casa femenina (derecha)

Una mujer que añora una relación, y encuentra que está viviendo en una casa muy femenina, podría considerar buscar un lugar diferente para vivir, uno con una puerta más o menos en el centro.

Esta es desde luego una visión un poco simplificada: nos hemos enfocado en la casa, pero ella misma puede ser afectada por influencias ambientales más grandes, tales como el vecindario, el clima y la geografía a mayor escala, además de factores que son específicos del feng shui. Este tema puede rápidamente tornarse demasiado complejo para ser tratado en este libro.

En una ocasión atendí a una doctora muy exitosa quien vivía con sus dos hijos en Caracas, Venezuela. Inicialmente dijo que me había pedido una consulta sólo para tener una visión general de su casa. Recorrí toda la vivienda e hice sugerencias. Cuando estaba a punto de concluir, ella nerviosamente me preguntó cómo podría la casa afectar sus relaciones. Esta era realmente una de las razones principales por las que me había pedido la consulta. Como llevaba tres años divorciada, estaba añorando con ansiedad una pareja. Esta casa, con la puerta en el centro, tenía una entrada principal bonita y equilibrada, pero por conveniencia estaban usando la entrada lateral, al lado del garaje para el automóvil. No hay nada malo al usar la entrada lateral, si está equilibrada. Pero en este caso, estaba desbalanceada, y al utilizarla la energía se recargaba radicalmente hacia el lado femenino, lo cual no ayudaba a fortalecer las energías masculinas. Ya que no era difícil para ellos usar la entrada principal original, sugerí que lo hicieran para producir una manifestación más equilibrada de energías yin y yang. Volví a ver a esta mujer seis meses después en uno de mis talleres, acompañada por su nuevo novio.

Una de mis clientes me dijo que su casa era ideal en términos del feng shui: tenía una buena montaña (dragón) y guardianes, y la puerta estaba en el centro, equilibrando el yin y el yang. Sin embargo, ella aún tenía problemas para encontrar una pareja. Al examinar la planta de la vivienda, encontré que la puerta de su alcoba no sólo estaba detrás de la cama, sino que era la entrada principal de la casa. En otras palabras, la cama estaba en una posición que podía ser vista desde la entrada principal. Esto se sumaba al problema de una falta de conexión con el exterior. La energía estaba balanceada, pero no había conexión con el exterior, y de este modo la energía no fluía.

Por esta razón, aunque la posición de la puerta usualmente es un indicador muy confiable, el concepto no debería ser aceptado en su totalidad, ya que hay otros factores que pueden influenciar la manifestación de este patrón. Es importante que uno mismo pruebe este concepto, para descubrir cómo y cuándo es modificado por otras circunstancias.

En la antigüedad, muchas casas tenía la entrada principal en el centro, las relaciones familiares eran estables y terminaban sólo con la muerte de un miembro de la pareja. Era raro que un hombre o una mujer vivieran sin compañía. El aumento de casas desbalanceadas, con puertas principales muy a la izquierda o derecha, ha originado una mayor cantidad de relaciones desequilibradas e inestables, y una abundancia de mujeres y hombres solteros. Muchos de los problemas en las relaciones pueden ser asociados a esta clase de desequilibrio. Esto no quiere decir que la posición de la puerta obliga a las personas a tener relaciones desequilibradas, pero hay una conexión entre las dos cosas, sin importar cuál llegue primero.

La alcoba: nido de sustento

La *alcoba* afecta las relaciones, la salud y las emociones. Al pasar un tercio de nuestra vida en la cama, no hay duda de su influencia. El tamaño y forma son factores importantes. El factor más afectado es el qi de la habitación, que está asociado con el espacio. Una habitación muy grande puede crear una dispersión de energía; una muy pequeña podría no favorecer un buen flujo de energía. El tamaño afecta la cantidad de flujo de qi; la forma afecta la calidad. La alcoba debe ser cuadrada o rectangular, y no consistir en espacios drásticamente divididos. La forma define la energía: formas saludables brindan energía saludable, y formas negativas producen energía caótica.

De las características de la alcoba, la más importante es la ubicación de la cama. La regla fundamental es que la cabecera debe estar directamente contra una pared sólida, como es mostrado en la página anterior con la figura 3.3.

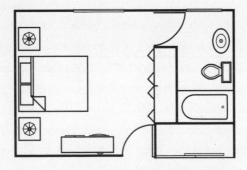

Figura 3.3 Disposición ideal de la alcoba

No debe haber una puerta localizada directamente frente a la cama o detrás de ella. Tampoco una junto a la cabecera de la cama en cualquier lado. Hay muchas más ideas de cómo debería ser orientada la cama. Algunas personas dicen que debería alinearse con el Norte magnético; otras sugieren que sea alineada con el Este y el Oeste, con la trayectoria del Sol; e incluso hay quienes dicen que la cama debe ser orientada de acuerdo con el día de nacimiento de la persona que duerme en ella. Estas ideas podrían tener validez en determinadas circunstancias, en contextos culturales particulares. Pero desde un verdadero punto de vista del feng shui, es mucho más importante ubicar la cama en términos de la forma y disposición del espacio. El efecto de diseñar según la forma y disposición del espacio, es mayor que el efecto de considerar sólo la orientación y localización.

Una de las fuentes más comunes de efectos negativos en una relación, es una ventana grande directamente detrás de la cama; es como si la energía que fluye hacia la cama se desbordara por la ventana, en lugar de circular y entrar en contacto con las personas que duermen en la cama. La energía puede fluir lejos de la relación. Incluso si la pareja no pelea o discute, puede sólo vivir en una relación convencional, sin un verdadero vínculo entre los dos. Esta situación puede mejorar fácilmente bloqueando o cubriendo dicha ventana.

Es importante tener algunas ventanas en la alcoba, pero ya que ésta debe ser más yin (en contraste con la sala o la cocina, que naturalmente son más yang), es mejor que no tenga demasiadas, pues esto la volvería muy yang. Si hay muchas ventanas, es importante cubrir algunas de ellas.

Persianas o cortinas ayudarán, pero pueden no hacer el trabajo por completo. Tal vez sea necesario colgar pinturas sobre algunas cortinas para cubrirlas, o usar otro método para ocultarlas.

Estas reglas sencillas acerca de la forma y disposición son las más importantes; otras consideraciones son menores. Si sigue las reglas, habrá tratado los aspectos más relevantes de la configuración de la alcoba.

La cocina: armonizando el agua y el fuego

La cocina está estrechamente relacionada con las relaciones masculinas/femeninas, y con el manejo de las finanzas de la familia. Las partes más importantes de la cocina son el fregadero/grifo (agua) y la estufa (fuego). Los dos están ligados al yin y al yang, y de este modo a las energías femenina y masculina. La forma en que son colocados y se relacionan entre sí, tiene consecuencias directas para las relaciones entre los hombres y las mujeres que viven en la casa, y también tiene un efecto sobre el control del dinero. La ubicación ideal de estas dos partes de la cocina es en un ángulo de noventa grados, con la estufa contra una pared sólida, y el fregadero contra una pared con una ventana, figura 3.4. También es aceptable tener la estufa y el fregadero lado a lado.

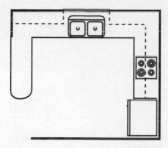

Figura 3.4: Disposición ideal de la estufa/grifo

Esta ha sido la ubicación tradicional por buenas razones (aunque a menudo inconscientes). Nuestros ancestros tal vez estaban más sintonizados con sus intuiciones que las personas que diseñan las cocinas modernas.

Durante los últimos treinta años en los Estados Unidos, ha sido creada una nueva forma de cocina como gran novedad: la "cocina isla". A medida que se construyen casas más grandes, y las cocinas son de mayor tamaño, la cocina isla es conveniente como un lugar de trabajo y un sitio extra de almacenaje u otro espacio adicional para sentarse. Esto está bien. Sin embargo, cuando la ubicación de la estufa tiene estas características, se originan serios problemas. Con esta disposición, el fregadero la estufa casi siempre quedan frente a frente, y esto afecta las relaciones entre hombres y mujeres en esa casa: por lo menos serán más desafiantes. Alguien familiarizado con estadísticas podría establecer la correlación entre el porcentaje de divorcios entre personas que habitan viviendas y este tipo de cocinas. Ver figura 3.5.

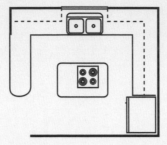

Figura 3.5: Disposición no ideal de la estufa/grifo

Usualmente, si un diseño no tiene sentido en términos del feng shui, tampoco tiene sentido práctico. Una cocina isla con la estufa en la mitad no es razonable desde un punto de vista ergonómico.

Una vez visité una casa en un barrio muy seguro y protegido dentro de un club campestre que incluía un campo de golf. La vivienda estaba bien construida, y los muebles habían sido escogidos y ordenados con un gusto casi impecable. La sonriente pareja de mediana edad que vivía ahí, me recibió y condujo a través de la casa. Cuando entramos a la cocina, me dijeron que se habían mudado hace tres años. Tan pronto como observé la ubicación frente a frente de la estufa y el fregadero en la cocina, les pregunté si tenían problemas económicos y en la relación. Sus sonrisas desaparecieron, y empezaron a hablarme de los inconvenientes surgidos después que se mudaron a la casa. Habían solicitado la consulta porque iban a vender la casa, y esperaban que mis sugerencias e indicaciones los ayudaran a venderla.

El problema que vi tenía que ver con la cocina isla, en la cual el fregadero y la estufa estaban frente a frente y no había apoyo detrás de esta última. Además, con un barranco detrás de la vivienda, no había apoyo para la misma. Esto complicaba el impacto negativo de la falta de apoyo para la estufa. Un conocimiento básico de los principios del feng shui sugería que el dinero inevitablemente iba a ser un problema en la relación —y eso conduciría a otros conflictos—.

Es muy frecuente que las cosas se manifiesten en patrones muy simples. Sin embargo, no hay reglas rígidas, y no es mi intención presentar indicaciones fijas y sus necesarias consecuencias. Al valorar una casa, se debe tener una visión de conjunto. Si hay un error, pero las otras características son sólidas, podría no ser suficiente para manifestar consecuencias negativas. Sin embargo, una acumulación de pequeños errores, no muy graves individualmente, podría tener serias consecuencias. Y una acumulación de errores grandes sin duda tendrá resultados negativos.

Por ejemplo: si el fregadero (agua) y la estufa (fuego) están frente a frente, la pareja tiene una ventana grande directamente detrás de la cama, y la puerta principal está muy cerca a la esquina izquierda o derecha de la casa, entonces hay una gran probabilidad de que la relación de la pareja termine en divorcio o quede como una relación sólo en el papel. Analice las parejas que conoce y vea si esta idea tiene sentido.

Muebles y decoración:
reflejos del mundo interior

Amueblar y decorar una casa es como aplicar color a la estructura de una pintura: afectan la sensación de vivacidad y a menudo reflejan los valores, estatus, personalidades y estados emocionales de los residentes. Los muebles y las decoraciones en una vivienda son manifestaciones directas del mundo interior de quienes la habitan.

Las personas con abundante energía vital manifiestan esto en los muebles y las decoraciones que escogen; lo mismo pasa con quienes viven deprimidos y solitarios.

Mientras atendía una consulta en la casa de una programadora de computadores muy tímida, noté que todas las paredes en cada habitación tenían sólo una cosa colgando sobre ellas, y cada cuadro tenía un sólo objeto. Le dije, "no veo imágenes de pares", dejando dentro de mí la segunda parte del pensamiento, "¿entonces cómo puedo esperar ver una pareja para usted?"

Estas manifestaciones externas surgen de realidades interiores. Esto no significa que colgar un cuadro de un par de pájaros necesariamente atraerá un compañero. Pero sí significa que incluso colgar un cuadro de este tipo señala un cambio en la energía interior, que podría manifestarse después externamente.

Al atender una consulta para una joven y encantadora asistente de vuelo, encontré que, al entrar a su apartamento, la cocina estaba a la derecha; sobre la pared izquierda, había colgada una máscara africana: una cabeza masculina y una femenina juntas y sin la parte superior. En la sala, encontré la pintura de una mujer con cara triste y solitaria. Junto a ella había un grabado de una montaña, con la parte inferior de ésta partida. Sin hacer preguntas personales, pude decir que ella había estado intentando sin éxito que una relación funcionara. La montaña partida sugería que la relación no tenía una base sólida. La cara triste reflejaba sus luchas para formalizar relaciones. Estas imágenes contaban su situación —que resultó ser cierta—.

Sugerí que quitara esos tres objetos artísticos y los reemplazara con escenas de la naturaleza o imágenes de plantas, flores o animales. También indiqué que cambiara un escaparate negro sobresaliente, que estaba creando una sensación de presión, y recomendé ciertas modificaciones en la alcoba.

La encantadora mujer comentó que con sólo oír mis observaciones y sugerencias ya podía sentir un cambio. Pero, ¿cómo podían esas pequeñas modificaciones en la decoración cambiar su vida sentimental? Recuerde: una imagen es una manifestación de la energía interna y la realidad interior. Como se explicó en el diagrama del Tai Chi, causa y efecto no son totalmente distinguidos, y los efectos pueden convertirse en causas. La realidad exterior es una manifestación de lo que hay dentro —pero cambiar lo que está afuera también puede cambiar el mundo interior—.

El rincón de flores de ciruelo: ¿feng shui extra?

En China, la gente cree que las plantas de maceta y las flores pueden estimular el amor, por eso a menudo sugieren colocar flores o plantas en un determinado lugar de la casa llamado el "rincón de flores de ciruelo". Se cree que esto mejora las relaciones románticas porque las plantas en ese lugar actúan como casamenteras.

Hay diferentes enfoques para determinar dónde está el rincón de flores de ciruelo. Por ejemplo, de acuerdo a un enfoque, en casas que miran al Sur, el rincón está en el lado Este de la vivienda. En casas que miran al Oeste, está en el Sur; en casas que miran al Norte, está en el Oeste; y en casas que miran al Este, está en el Norte. Otro enfoque se basa en el año de nacimiento y el signo zodiacal chino. Para personas nacidas en los años de la rata, el dragón o el mono, el rincón está en el Oeste. Para los nacidos en los años del buey, la serpiente o el gallo, se encuentra en el Sur. Para quienes nacen en los años del tigre, el caballo o el perro, está en el Este. Para los nacidos en los años del conejo, la oveja o el cerdo, se encuentra en el Norte. (La relación entre signo y año de nacimiento es explicada en el capítulo 4). La idea fundamental es poner una flor recién cortada o una planta de maceta en el lugar apropiado para mejorar la relación romántica de las personas que viven en la casa.

Algunas personas incluso extienden esta idea y tienen en cuenta los colores adecuados para las flores, la forma ideal del florero, etc. Muchas de estas consideraciones son irrelevantes: lo importante es la planta o flor misma, que produce la buena energía, la "información" beneficiosa.

Hay conceptos similares en otras culturas, pero son prácticas arraigadas culturalmente. Los verdaderos conceptos del feng shui son universales, no ligados a un enfoque cultural específico. Sin embargo, las prácticas específicas también tienen su propia validez, ya que se relacionan con factores importantes en la vida de las personas que viven en esas culturas.

Una de las cualidades de las flores y plantas es su fragancia, que tiene un impacto directo sobre las emociones. La gente suele usar perfume para realzar o estimular sentimientos románticos, pero es importante no emplearlo en exceso.

Cuando su casa tenga abundante energía y un ambiente afectuoso y cómodo, usted vibrará naturalmente con ella. Vibrar con esas energías, atraerá el tipo de relaciones manifestadas por ellas.

Deje que la habitación respire

Al amueblar una casa, hay muchos puntos en que las personas pueden enfocarse. Uno de los importantes es mantener un equilibrio entre la cantidad de espacio ocupado y desocupado (de acuerdo con el equilibrio entre yin y yang). Los muebles no deben estar muy esparcidos ni ser excesivos. Una casa vacía no manifiesta expresión, pero una atestada de objetos sugiere que algo hace falta en la vida de las personas que la habitan. En un caso, puede ser que haya poco que expresar; en el otro, se pretende llenar un vacío o cubrirlo y evitar reconocerlo.

La decoración y ornamentación a menudo reflejan el estado interior de las personas que viven en determinado lugar. Cuando visité la casa de una chef de cocina muy exitosa de Puerto Rico, vi que estaba llena de arte maravilloso y decoraciones que había adquirido alrededor del mundo. De hecho, había finas obras de arte en cada espacio disponible. Ella se preguntaba por qué, a pesar del éxito que tenía, su vida aún carecía de una relación romántica. Le pregunté si podía mostrarme un espacio vacío disponible en la casa. Llenar por completo el espacio habitado, puede reflejar a alguien que está muy ocupado para permitirse una relación exterior. Cuando las personas sienten vacío en sus vidas, a menudo lo compensan llenando su entorno. ¿Una cosa es la causa y la otra el efecto?

Cuando algo hace falta en el corazón, una persona orientada al éxito puede tratar de compensar la situación llenando los espacios en su vida con otras cosas o actividades: pero entre más llena esté su vida, habrá menos probabilidad de que el elemento faltante llegue. A veces es necesario aceptar la soledad a fin de tener suficiente espacio para permitir que otras personas entren a nuestra vida.

Los espejos todavía no tienen inteligencia artificial

Algunos manuales de feng shui populares en los Estados Unidos colocan mucho énfasis en los espejos, llamándolos "la aspirina del feng shui". Se dice que remedian casi todos los problemas. Pero para pensar que los espejos pueden absorber buena energía y reflejar la mala, se debe hacer la extraña suposición de que tienen una especie de inteligencia o cerebro que puede diferenciar lo bueno y lo malo. Esto es especialmente raro porque nuestros espejos modernos sólo han existido durante unos pocos siglos.

En realidad, los espejos sí tienen usos prácticos: pueden crear la ilusión de un espacio más grande, reflejar más luz en un lugar y, lo más importante, permiten que veamos cómo nos queda la ropa y la postura del maquillaje en las mujeres.

Gran parte del feng shui popularmente enseñado en los Estados Unidos enfatiza el uso de espejos. Sin embargo, éstos no sólo carecen del poder mágico para crear fuerzas positivas, sino que pueden empeorar las cosas. Debemos ser muy cuidadosos en cuanto al uso de espejos. Hay que utilizarlos sólo cuando sean claramente necesarios. Ellos forman imágenes e impresiones falsas, desorientan la mente y crean confusión. Si quiere entrar en discusiones, siéntese junto a un espejo de pared con un buen amigo. Recuerde: cuando se mira en un espejo, solamente ve su propia imagen.

En años recientes, los constructores en los Estados Unidos han instalado puertas de closet con espejo. Cada nueva casa parece tener una en la alcoba. Esta característica a menudo crea estrés y desorientación. Si usted tiene una y piensa que no le molesta, cúbrala por un tiempo. Probablemente se sentirá mucho más tranquilo y relajado.

El extendido uso de espejos y el énfasis en ellos como remedio o herramienta del feng shui, es una nueva moda en los Estados Unidos. Pero, los espejos no jugaban un papel importante en la práctica del feng shui tradicional, y tampoco son relevantes en la práctica del feng shui moderno. La afirmación de que los espejos son beneficiosos no tiene fondo histórico y tampoco tiene mucho sentido.

Con frecuencia las personas aceptan tales ideas por pura fe, aunque puedan sentir que no tienen sentido. Pero es importante recordar que el feng shui involucra principios universales conforme a lo que todos ya comprendemos —lo que llamamos "sentido común"—. Cuando un "experto" en feng shui le diga algo, confronte sus sentimientos internos. Cuando realmente se conecte con su intuición, podrá ser su propio maestro de feng shui.

Una vez visité la casa de una diseñadora, una mujer muy hermosa y talentosa que me estaba ayudando con un libro. Todas las características de la vivienda eran ideales: una entrada principal balanceada, una alcoba equilibrada y protegida y una disposición perfecta de la cocina. Ya que la casa tenía un gran equilibrio energético, me pregunté por qué no había un hombre en ella. Cuando le hice la pregunta, la diseñadora me dijo que había estado casada tres años atrás, cuando se mudó a la casa con su esposo. Poco después, empezaron a discutir mucho. Su esposo cambió de residencia y se divorciaron. Durante nuestra conversación, observé que toda la pared del rincón de la cocina estaba cubierta con un espejo de rejilla. ¡No era extraño que discutieran! Sugerí que quitara el espejo y pintara la pared. Los espejos a menudo generan confusión debido a que duplican las imágenes; los espejos de rejilla pueden crear aun más turbulencia, y esto puede afectar el estado emocional de las personas que están cerca a ellos durante un período de tiempo prolongado. Pocos meses después que la mujer en cuestión quitó el espejo y pintó la pared se enamoró perdidamente.

El rosado no es el color del amor

Vivimos entre colores, y a cada momento respondemos a ellos. Si descubrimos que no nos gusta el color de un traje, sin importar qué tan bueno sea el diseño o la belleza de la tela, probablemente no lo compraremos.

Muchos estudios han demostrado el impacto de los colores sobre las emociones humanas. El color afecta la percepción del volumen, peso y tamaño. Los colores claros hacen que una habitación se vea más grande; los oscuros la hacen que parezca más pequeña. Los objetos negros se sienten más pesados, y parecen más livianos los claros o menos saturados. Los colores también afectan la percepción de la temperatura: por esta razón se dividen en cálidos (como el rojo y el naranja) y fríos (como el azul y el verde). Pero los más importantes son los efectos fisiológicos y psicológicos del color.

El rojo es excitante, apasionado, agresivo e intenso; también estimula el sistema nervioso y aumenta la producción de adrenalina. El naranja es estimulante, vivo e intrusivo. El amarillo es alegre, animoso y deslumbrante; estimula el sistema digestivo. El verde es relajante, reflexivo y común o tedioso. El azul es relajante, calmante o depresivo y frío; ayuda a crear estados físicos balanceados. El morado es solemne u orgulloso y solitario.

Habiendo dicho esto, el impacto del color sobre las personas en casas, o en habitaciones de una casa, es mucho más complicado de lo que se puede predecir por simples asociaciones. El efecto del color es influenciado por la cultura y la herencia, por factores económicos, geográficos y religiosos, además del gusto y el nivel educativo. El color no puede ser aislado de la materia: el rojo de una rosa tiene un efecto sobre las personas diferente al rojo de la sangre.

El punto clave en cuanto al color en la casa es el volumen total de exposición. Si usted usa ropa roja, ve este color directamente sólo cuando se la pone y se la quita; de otra manera, el rojo está en el fondo de su conciencia. Por otra parte, si pinta de rojo una habitación, estando dentro de ella enfrentará ese matiz dondequiera que mire. Es el mismo color, pero los efectos serán muy diferentes porque es distinto el volumen de exposición. La sobreexposición a un color puede fácilmente crear una fatiga al mismo, y una especie de subalimentación de otros colores. Recuerde: cuando usted ve sólo un color, está ignorando los otros seis colores principales del espectro.

En tiempos modernos se han desarrollado muchas investigaciones acerca del impacto psicológico y fisiológico de los colores sobre las personas. Con frecuencia tales investigaciones no se dirigen al volumen de exposición. Esta es una razón por la que las aplicaciones de la vida real no son tan simples como lo sugieren los resultados de laboratorio. El feng shui tradicional enfoca las cosas desde un nivel más general, desde la perspectiva del yin y el yang. Podría ver los colores en términos de pesados o livianos, fríos o calientes, expansivos o contenidos, etc. Por esta razón, generalmente, el piso debe ser más oscuro que el techo: lo liviano (yang) debe estar arriba, y lo pesado (yin) abajo.

Las asociaciones de determinados colores con cualidades o aplicaciones específicas, rápidamente se vuelven mecánicas y rígidas, y pueden tener efectos negativos. Muchos manuales de feng shui populares relacionan ciertas cualidades con determinados colores: conocimiento con azul, fama con rojo, suerte con gris, etc. Muchos afirman que tales asociaciones se remontan al antiguo concepto del ba gua chino. Pero, en realidad, cualquiera que tenga un conocimiento básico de la teoría del ba gua y el *I Ching* (*Libro de Cambios*, uno de los más antiguos e importantes de la historia de China) sabe que no hay bases teóricas o históricas que respalden tales afirmaciones, y tampoco reflejan algún tipo de práctica tradicional. Además, la aplicación rígida de correlaciones específicas no tiene sentido común ni práctico. Sólo puede crear confusión o incluso problemas, especialmente si se aplican en una casa.

Por lo general, es mejor usar una combinación de colores sencilla. Si las personas no están seguras de cuál color emplear, deben decidirse por el blanco grisáceo o el beige. Esto puede ser un poco deslucido para quienes han leído muchos libros acerca de complicadas correspondencias de colores y desean usar todo lo que han encontrado. Una de mis estudiantes me dijo que pensaba que yo estaba simplificando demasiado las cosas, así que cuando pintó su casa, utilizó el rosado en la alcoba. Tan pronto como lo hizo, empezó a sentirse incómoda, y decidió pintarla de nuevo. El color rosado puede incitar sentimientos románticos en una tarjeta de felicitación o una rosa, pero una alcoba pintada de ese color es muy abrumadora porque crea una sensación de emoción excesiva que generará ansiedad en lugar de romance. ¡Esto es algo que mis lectores pueden validar por sí mismos!

El color apropiado tiene que ver con el tamaño de la habitación, la cantidad de luz en ella y la función de la habitación. Los colores más claros son convenientes cuando la habitación necesita una influencia yang; los colores más oscuros o fríos son ideales si se requiere una influencia yin. No hay una forma fácil de determinar que un color siempre es mejor o peor para una habitación particular, sin hacer generalizaciones erróneas. Si usted prefiere un color en especial, úselo —pero no cubra toda la habitación con él—. En lugar de eso, píntela en el lado que normalmente miraría.

Yin y yang: mirar hacia dentro y hacia fuera

Hasta el momento hemos tratado el tema del buen feng shui para una casa sin excedernos en los detalles. Una vivienda con buen feng shui no tiene nada que ver con lo grande o costosa que sea. La clave, como ya se dijo, es tener buena energía: una localización apropiada, una forma saludable y un flujo suave de energía producirán una sensación de afecto y abundancia.

Regresemos a lo básico. Una casa debe estar limpia y ordenada. Ya que la forma define la energía, un espacio limpio y ordenado produce energía similar. Si un lugar está desordenado, sucio, atestado de cosas, o caótico, naturalmente generará energía caótica. Si su pareja siempre evita llegar a casa, observe si éste es el problema.

¿Qué hace que un sitio sea cálido y acogedor? La mayoría de personas piensa en esto en términos de factores visuales: buenos muebles, colores interesantes o decoraciones finas. La verdadera clave es el qi de la casa, que está definido por la forma y disposición de la misma. Una vivienda muy lujosa, bien decorada y llena de comodidades, podría aún parecer fría; una casa sencilla con distribución y diseño apropiados, puede producir una sensación de calidez.

Cuando una casa está muy dividida y no tiene ventanas bien ubicadas, el flujo energético tiende a estancarse. Sin el flujo adecuado, la energía se hace escasa. Por otra parte, si el espacio no está bien definido o es demasiado abierto (si hay ventanas grandes que dan muy cerca a la entrada, por ejemplo), la energía sale rápidamente y no se queda en la casa. Sin abundante qi, no hay sensación de calidez.

Una casa limpia y ordenada, con espacios interiores apropiados, definidos y conectados, tendrá un buen flujo de energía que puede ser mejorado con una correcta disposición de los muebles. El uso conveniente del color puede hacer que el espacio sea aun más acogedor. No obstante, sin esta cualidad básica, los cambios en muebles y decoración no serán de mucha ayuda.

La clave para los muebles es el equilibrio y la simplicidad. El error usual es atestar el espacio con muebles, hacer demasiadas decoraciones y usar una combinación de colores muy complicada. *Simple es mejor*; menos es más. En una habitación, si una pared está llena de pinturas y decoraciones, la pared opuesta debe estar descubierta. Esto crea un equilibrio yin-yang.

La coordinación de color y muebles también es importante, ya que de este modo el qi puede unificarse.

De vez en cuando, deberíamos analizar cada pieza de decoración o muebles, y preguntarnos si realmente necesita estar ahí. Si ya no es necesaria, lo mejor es quitarla.

El tamaño de la casa tiene mucho que ver con la densidad de la energía dentro de ella. La vivienda brinda espacio para las personas, y quienes viven en ella proveen energía para alimentarla. Con el mismo número de ocupantes, un espacio pequeño será más cálido que uno más grande. Si la casa es demasiado grande para la cantidad de personas que la habitan, sin importar lo buenas que sean las decoraciones u otras características, tendrá la tendencia a ser fría.

La casa debe estar llena de plantas de maceta saludables. Éstas sirven de conectoras, proveedoras, limpiadoras y neutralizadoras de la energía. La mayoría de personas ha experimentado esto en edificios públicos: un buen número de plantas hace que un espacio se sienta mucho más acogedor; un lugar escueto se siente frío e incluso hostil.

Una vivienda ideal siempre tiene un equilibrio de yin y yang. Una casa demasiado yang tendrá problemas yang, y una demasiado yin tendrá problemas yin. En una casa con exceso de energía yang, con muchas ventanas que brindan luz y una sensación de abertura al exterior, puede ser fácil que la persona que vive ahí tenga relaciones, pero será difícil que éstas sean estables; él o ella puede rápidamente pasar de una relación a otra. Similarmente, si una casa es demasiado oscura y encerrada, puede haber estancamiento y falta de conexión con el exterior, lo cual impide la formalización de cualquier tipo de relación, buena o mala.

Un repaso final

El siguiente es un resumen de características específicas importantes para el romance y las relaciones.

- La casa debe tener un apoyo sólido detrás de ella, que dará una sensación de seguridad y la hará más relajante y amorosa.

- La casa debe tener una forma saludable, capaz de brindar energía saludable.

- El flujo de energía debe ser suave y abundante, ni muy rápido ni muy lento. No tienen que haber demasiadas ventanas —o muy pocas—.

- La energía de la vivienda debe tener un equilibrio yin-yang. Es necesario que la puerta principal esté cerca al centro.

- No debe haber conflicto en la cocina. El fregadero y la estufa no deben estar frente a frente.

- Debe haber una pared sólida detrás de la cama.

- La puerta de la alcoba debe verse desde la cama.

- Mientras duerma en la cama, la entrada principal debe estar frente a usted, no detrás de su cabeza (aunque esa entrada usualmente no sea visible cuando está en la alcoba).

Si estos requerimientos son cumplidos, no deberá tener problemas para encontrar el amor. Sin embargo, entre más características omita, quizás tendrá desafíos que superar.

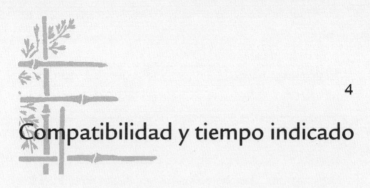

4

Compatibilidad y tiempo indicado

En cualquier actividad humana hay tres elementos: tiempo, espacio y personas. Además del lugar indicado, el momento propicio y la persona apropiada también son cruciales. En la naturaleza, todo tiene su propio tiempo y espacio. Cada planta y animal tiene su hábitat apropiado. Algunas plantas se desarrollan mejor recibiendo la luz del Sol, otras bajo la sombra; hay animales adaptados a vivir en los desiertos, otros en bosques. De la misma forma, algunas plantas florecen en el verano mientras otras lo hacen en el invierno. El ciclo vital de ciertos animales toma más de un siglo; otros completan el ciclo en menos de un día.

Cuando todas las condiciones son apropiadas, una planta o un animal crecerá; de lo contrario, se requerirá de gran esfuerzo. Si tratamos de cultivar una planta tropical en una zona fría, incluso con un gran esfuerzo adicional, los resultados pueden no ser tan buenos como los obtenidos cuando la planta crece en su propio lugar. Esto se aplica también a los asuntos humanos: las personas pueden tener excelentes cualidades individuales pero no ser fácilmente compatibles entre sí.

Lo mismo pasa con el tiempo: en la naturaleza, todo tiene su tiempo propicio. El Sol sale y se oculta; la Luna crece y mengua. Cuando termina el invierno, llega la primavera y las semillas empiezan a germinar. El verano es seguido por el otoño y la época de cosecha. Cuando las cosas siguen el patrón del ciclo, todo sale bien. Cuando algo se desvía del patrón natural, las consecuencias se reflejan en todo el sistema. Cuando las flores brotan anticipadamente, una helada puede destruirlas por completo —y también perjudicar a los insectos asociados con ellas—.

Los seres humanos también comparten tales ritmos, y sufren cuando se desvían de ellos. Estos ritmos han sido cuidadosamente estudiados en la medicina china, y se dice que diferentes meridianos en el cuerpo y sus sistemas orgánicos asociados, se tornan activos o dominantes durante distintos períodos del día. Cuando el ciclo diario de una persona es alterado, el flujo natural de la activación de un sistema orgánico a otro puede ser interrumpido, causando malestar o enfermedad. Un buen ejemplo de esto es la desorientación después de un largo vuelo, que ocurre cuando se vuela a través de husos horarios: el cuerpo continúa funcionando con la hora antigua, mientras que el entorno se encuentra en otra hora.

Es fácil entender estos ritmos cuando determinamos la mejor hora para comer, dormir o trabajar. Pero al relacionarse con el amor y el romance se torna más complicado. A menudo surgen estas preguntas: ¿cuándo puedo conocer a mi "alma gemela"? ¿Es este el momento apropiado para involucrarme en una relación? ¿Cómo puedo saber si esta es la persona indicada? ¿Qué rasgos poseerá mi pareja ideal? Todas estas preguntas en realidad se reducen a dos: cuál es el compañero(a) adecuado y cuál es el momento propicio.

Hay dos enfoques comunes para responder estas preguntas: uno es esencialmente mecánico o matemático; el otro es orgánico. El primero, guía a una perspectiva astrológica; el segundo, requiere de un conocimiento interior de los ritmos orgánicos que gobiernan los procesos naturales del universo viviente.

Veamos primero el enfoque matemático y mecánico de la compatibilidad —mejor dicho, los enfoques astrológicos—.

Compatibilidad y el zodiaco chino

En la astrología, tanto oriental como occidental, ha habido una larga discusión en cuanto a cómo averiguar si las personas son compatibles y cómo lograr reunir una pareja ideal.

En China, los matrimonios tradicionalmente son arreglados por los padres, con la ayuda de un casamentero. Cuando ambas familias y los posibles novios encuentran aceptables los requisitos establecidos, dan las fechas de nacimiento de la eventual pareja a un casamentero, quien lleva la información a un astrólogo, quien a su vez determina si las dos personas forman una buena pareja. La información incluye el año, el mes, la fecha y la hora de nacimiento de cada uno. Estos datos son llamados los "cuatro pilares", y conforman una especie de carta natal. Cada pilar está indicado por dos caracteres chinos, lo que da un total de ocho caracteres. Esto se conoce como "mirar los ocho caracteres". Si, basado en la carta, el astrólogo encuentra que las dos personas son incompatibles, es probable que el arreglo de matrimonio sea rechazado, sin importar qué tan conveniente pueda parecer en otros aspectos. Como resultado se han originado muchas tragedias, pero también se ha argumentado que esto ha podido evitar desgracias aún mayores.

Un enfoque común y simplificado considera sólo los años de nacimiento de la pareja. Ya que cada año es representado por uno de los doce signos animales del zodiaco chino, la idea es entender si los signos de la pareja son o no compatibles. Los doce signos son mostrados en la figura 4.1.

Básicamente hay siete tipos de relaciones: dos consideradas propicias o compatibles, una neutra y cuatro desfavorables o incompatibles; no tienen muchas posibilidades.

Las relaciones del tipo uno, las de *Triple Armonía*, son las más compatibles. Las personas se atraen naturalmente. En estas relaciones, los signos están separados 120 grados. Los nacidos en los años de la rata, el dragón y el mono son compatibles entre sí. Los años del buey, la serpiente y el gallo son otro grupo compatible, como lo son el tigre, el caballo y el perro; el conejo, la oveja y el cerdo forman el último grupo.

El tipo dos es el de *Armonía Mutua*. Estos son compatibles y tienen una relación tranquila, pero a un menor grado que el primer tipo. La rata es compatible con el buey, el tigre con el cerdo, el perro con el conejo, el gallo con el dragón, el mono con la serpiente, y la oveja con el caballo.

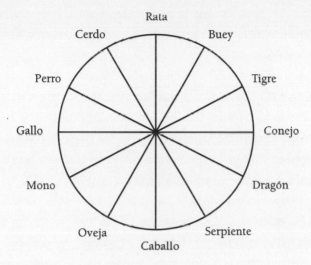

Figura 4.1: Zodiaco chino

El tipo tres es el de *Conflicto Directo*. Son relaciones entre signos directamente opuestos (separados 180 grados). La rata y el caballo chocan, al igual que el buey y la oveja, el tigre y el mono, y así sucesivamente. Las personas en tales relaciones son naturalmente opuestas; este es el tipo de relación más desafiante. A la gente a menudo se le aconseja evitar estas relaciones, aunque desde una perspectiva superior los conflictos resultantes pueden crear excelentes oportunidades para el autodescubrimiento y el fortalecimiento del carácter.

El tipo cuatro es el de *Conflicto Indirecto*. Estas relaciones son moderadamente desafiantes, y quienes las viven deben esforzarse para mantener en armonía las cosas. Por ejemplo, la rata no armoniza con la oveja, al igual que el buey con el caballo, el tigre con la serpiente, el conejo con el dragón, y así sucesivamente.

Las relaciones del tipo cinco, el de *Fricción*, son un poco inamistosas. Las personas pueden irritarse los nervios entre sí de vez en cuando. Este tipo contiene tres subgrupos: (a) el perro no armoniza con el buey y la oveja; (b) la rata choca con el conejo; y (c) el dragón, el caballo, el gallo y el cerdo, que son incompatibles entre sí mismos.

El tipo seis es el de *Obstáculo*. Las personas experimentan altibajos leves en relaciones un poco frías. Esto ocurre con la rata y el gallo, el buey y el dragón, y el conejo y el caballo.

El tipo siete, la *Neutra*, tiene que ver con relaciones que no encajan en ninguna de las seis categorías anteriores. Son relaciones a menudo consideradas como relativamente equilibradas y amigables. Las personas en estas relaciones se llevan bien, pero su vínculo es fácilmente afectado por incidentes menores. Desde el punto de vista de un casamentero, esta es una relación aceptable.

Los casamenteros por lo general recomiendan los primeros dos tipos, los de triple armonía y armonía mutua, como relaciones favorables, y no aconsejan las de los tipos tres al seis.

Los siete tipos de relaciones están resumidos en el cuadro de Relaciones del Zodiaco Chino, mostrado en la figura 4.2.

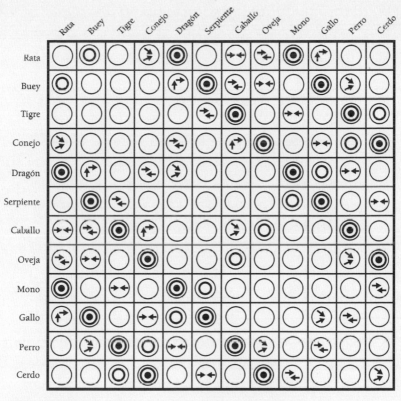

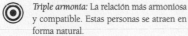

Triple armonía: La relación más armoniosa y compatible. Estas personas se atraen en forma natural.

Conflicto directo: Naturalmente opuestos. La relación más desafiante, pero una buena oportunidad para el autodescubrimiento.

Armonía mutua: Relación cómoda y tranquila. Estos individuos son naturales y espontáneas juntos.

Conflicto indirecto: Relación moderadamente desafiante. Estas personas tienen que trabajar duro para mantener las cosas en armonía.

Neutra: Relación equilibrada y amigable. Estas personas se llevan bien, pero se alteran fácilmente por incidentes menores.

Fricción: Una relación un poco inamistosa. Estas personas pueden irritarse los nervios entre sí de vez en cuando.

Potential: Este símbolo no es mostrado en el cuadro, pero su influencia está presente en toda relación, representa el potencial de las personas para labrar su propio destino.

Obstáculo: Estas personas experimentan altibajos leves en una relación un poco fría.

Figura 4.2: Cuadro de Relaciones del Zodiaco Chino

El sistema zodiacal de doce animales está basado en el calendario lunar. Las tablas de este calendario, que muestran las fechas del año nuevo chino, son mostradas en la figura 4.3.

(*Nota:* el día de año nuevo chino cae en una fecha diferente cada año, coincidiendo con la segunda Luna nueva después del solsticio de invierno. Si su día de nacimiento está antes de la fecha de año nuevo chino en un año particular, tome el año anterior como su año de nacimiento chino. Por ejemplo, si nació antes del 15 de febrero en 1961, su signo zodiacal es rata en lugar de buey).

Compatibilidad y el Zodiaco Occidental

En Occidente, los signos astrológicos cambian mensualmente y no cada año. Hay doce signos. La cualidad de las relaciones está basada en los grados de separación. Hay siete "aspectos": *conjunción, semisextil, sextil, cuadrado, trino, disyunción y oposición.*

La conjunción no tiene separación; el semisextil, una separación de 30 grados; el sextil, una de 60 grados; el cuadrado, una de 90 grados; el trino, una de 120 grados; la disyunción, una de 150 grados; y la oposición, una separación de 180 grados.

En general, la conjunción es una relación poderosa, en la cual son fortalecidas tendencias mutuas. Puede ser armoniosa o conflictiva, así que asegúrese de ir en la dirección correcta. El semisextil involucra decisiones que deben ser tomadas entre personas totalmente distintas. Las relaciones pueden ser algo estresantes, pero pueden incitar una

2-10-1910 Perro	2-14-1934 Perro	2-18-1958 Perro	2-25-1982 Perro
1-30-1911 Cerdo	2-04-1935 Cerdo	2-08-1959 Cerdo	2-13-1983 Cerdo
2-18-1912 Rata	1-24-1936 Rata	1-28-1960 Rata	2-02-1984 Rata
2-06-1913 Buey	2-11-1937 Buey	2-15-1961 Buey	2-20-1985 Buey
1-26-1914 Tigre	1-31-1938 Tigre	2-05-1962 Tigre	2-09-1986 Tigre
2-14-1915 Conejo	2-19-1939 Conejo	1-25-1963 Conejo	1-29-1987 Conejo
2-03-1916 Dragon	2-08-1940 Dragon	2-13-1964 Dragon	2-17-1988 Dragon
1-27-1917 Serpiente	1-27-1941 Serpiente	2-02-1965 Serpiente	2-06-1989 Serpiente
2-11-1918 Caballo	2-15-1942 Caballo	1-21-1966 Caballo	1-27-1990 Caballo
2-01-1919 Oveja	2-05-1943 Oveja	2-09-1967 Oveja	2-15-1991 Oveja
2-20-1920 Mono	1-25-1944 Mono	1-30-1968 Mono	2-04-1992 Mono
2-08-1921 Gallo	2-13-1945 Gallo	2-17-1969 Gallo	1-23-1993 Gallo
1-28-1922 Perro	2-02-1946 Perro	2-06-1970 Perro	2-10-1994 Perro
2-16-1923 Cerdo	1-22-1947 Cerdo	1-27-1971 Cerdo	1-31-1995 Cerdo
2-05-1924 Rata	2-10-1948 Rata	2-15-1972 Rata	2-19-1996 Rata
1-24-1925 Buey	1-29-1949 Buey	2-03-1973 Buey	2-07-1997 Buey
1-02-1926 Tigre	2-17-1950 Tigre	1-23-1974 Tigre	1-28-1998 Tigre
2-02-1927 Conejo	2-06-1951 Conejo	2-11-1975 Conejo	2-16-1999 Conejo
1-23-1928 Dragon	1-27-1952 Dragon	1-31-1976 Dragon	2-05-2000 Dragon
2-10-1929 Serpiente	2-14-1953 Serpiente	2-18-1977 Serpiente	1-24-2001 Serpiente
1-30-1930 Caballo	2-03-1954 Caballo	2-07-1978 Caballo	2-12-2002 Caballo
2-17-1931 Oveja	1-24-1955 Oveja	1-28-1979 Oveja	2-01-2003 Oveja
2-06-1932 Mono	2-12-1956 Mono	2-16-1980 Mono	1-22-2004 Mono
1-26-1933 Gallo	1-31-1957 Gallo	2-05-1981 Gallo	1-09-2005 Gallo

Figura 4.3: Año nuevo chino 1910-2005,
con el correspondiente signo del zodiaco animal

nueva forma de ver la vida. El sextil es una relación armoniosa y valiosa que brinda oportunidades. Es bueno para la
creatividad y se considera compatible. El cuadrado indica

fricción entre dos personas muy diferentes. Puede brindar la oportunidad de adquirir un valioso conocimiento y crecimiento, pero desde un punto de vista del casamentero es considerado indeseable, porque las personas no son muy compatibles. El trino es la relación más compatible y armoniosa, pero carece de los beneficios que surgen al enfrentar desafíos. Las personas en esta relación se atraen naturalmente. La disyunción involucra la desviación de una acostumbrada forma de ser: las personas en tales relaciones pueden ser sacadas de su rumbo. La relación es estresante y requiere flexibilidad. Las relaciones de oposición tienden a estar marcadas por tensión. Al igual que la configuración astrológica china que presenta una separación de 180 grados, estas relaciones son consideradas como las menos compatibles, aunque personas maduras pueden encontrar en ellas un poderoso equilibrio y una mayor conciencia.

El cuadro de relaciones astrológicas occidental, con rasgos de los diferentes signos zodiacales, es resumido en la figura 4.4.

Ya que los signos astrológicos chinos se enfocan en el año de nacimiento, y los occidentales se concentran en el mes de nacimiento, la combinación de los dos sistemas puede conducir a interesantes discernimientos. Por ejemplo, si una persona nace en el año del dragón y otra en el año del mono (el tipo de relación más compatible, el de triple armonía), y al mismo tiempo tienen los signos Aries y Leo (que están en una relación de trino, también la más armoniosa), esta doble influencia indica que la relación debe ser bastante compatible.

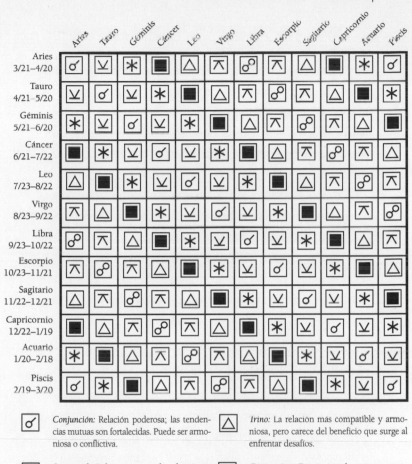

	Aries	Tauro	Géminis	Cáncer	Leo	Virgo	Libra	Escorpio	Sagitario	Capricornio	Acuario	Piscis
Aries 3/21–4/20	♂	⊻	✳	■	△	⊼	♋	⊼	△	■	✳	♂
Tauro 4/21–5/20	⊻	♂	⊻	✳	■	△	⊼	♋	⊼	△	■	✳
Géminis 5/21–6/20	✳	⊻	♂	⊻	✳	■	△	⊼	♋	⊼	△	■
Cáncer 6/21–7/22	■	✳	⊻	♂	⊻	✳	■	△	⊼	♋	⊼	△
Leo 7/23–8/22	△	■	✳	⊻	♂	⊻	✳	■	△	⊼	♋	⊼
Virgo 8/23–9/22	⊼	△	■	✳	⊻	♂	⊻	✳	■	△	⊼	♋
Libra 9/23–10/22	♋	⊼	△	■	✳	⊻	♂	⊻	✳	■	△	⊼
Escorpio 10/23–11/21	⊼	♋	⊼	△	■	✳	⊻	♂	⊻	✳	■	△
Sagitario 11/22–12/21	△	⊼	♋	⊼	△	■	✳	⊻	♂	⊻	✳	■
Capricornio 12/22–1/19	■	△	⊼	♋	⊼	△	■	✳	⊻	♂	⊻	✳
Acuario 1/20–2/18	✳	■	△	⊼	♋	⊼	△	■	✳	⊻	♂	⊻
Piscis 2/19–3/20	♂	✳	■	△	⊼	♋	⊼	△	■	✳	⊻	♂

♂ *Conjunción:* Relación poderosa; las tendencias mutuas son fortalecidas. Puede ser armoniosa o conflictiva.

⊻ *Semisextil:* Deben ser tomadas decisiones entre dos personas totalmente distintas. La relación dará una nueva forma de ver la vida.

✳ *Sextil:* Relación armoniosa y valiosa. Brinda oportunidades; buena para la creatividad.

■ *Cuadrado:* Fricción entre personas muy diferentes. Origina cambios para adquirir valioso conocimiento y crecimiento.

△ *Trino:* La relación más compatible y armoniosa, pero carece del beneficio que surge al enfrentar desafíos.

⊼ *Disyunción:* Desviación de una acostumbrada forma de ser. Puede ser apartado de su curso; la relación requiere flexibilidad.

♋ *Oposición:* Relación problemática o destructiva. Individuos maduros encuentran un poderoso equilibrio y una mayor conciencia.

✚ *Potencial:* Este símbolo no es mostrado en el cuadro, pero su influencia está presente en cada relación; representa el potencial para que las personas labren su propio destino.

Figura 4.4: Cuadro de relaciones astrológicas occidental

Además, como puede ver en las figuras, hay signos adicionales, uno en cada cuadro, que indican "potencial". Estos nos recuerdan que no tenemos por qué estar limitados a las fórmulas astrológicas. Tenemos el poder de escoger, y esto puede guiarnos a superar dificultades sugeridas por una configuración astrológica. Poseemos una cierta capacidad de labrar la materia prima de nuestro destino, si estamos dispuestos y podemos hacerlo.

Es fácil examinar los cuadros y ver si una relación es compatible o incompatible. Pero, ¿qué significa realmente esta información y cómo puede ser usada? ¿Ser "compatible" indica que la relación es buena, y ser "incompatible" significa que es mala? Para comprender el uso de esta información, es importante examinar todo desde un nivel superior para tener una visión de conjunto.

Tiempo propicio y astrología

La otra pregunta tiene que ver con el tiempo propicio. ¿Cómo sabemos cuándo es el momento indicado para buscar una pareja o abstenerse de hacerlo? ¿Cómo podemos saber cuándo será cumplido el deseo de tener una relación, o cuándo es más probable que aparezca nuestra alma gemela? Hay grandes discusiones, en la astrología oriental y la occidental, sobre las formas de estimar el tiempo propicio en tales asuntos. En la astrología occidental, cuando la Luna está en trino con la quinta casa, la casa del amor, es un buen período para enamorarse o conocer personas de quienes uno podría enamorarse. En la astrología china, hay muchos métodos complejos. Usando los "ocho caracteres", es posible hallar los períodos en la vida para conocer personas compatibles, además de aquellos en los que no se deben formar relaciones. Todos estos métodos son muy técnicos y requieren el apoyo de un profesional experimentado.

Naturalmente, hay otros factores que eluden la red astrológica. Los aspectos astrológicos pueden ser interesantes y dar buenas indicaciones de los factores en función, pero no son las claves fundamentales para encontrar y conservar una pareja apropiada.

El patrón orgánico

Los enfoques astrológicos tienen una larga historia: atraen el deseo humano de conocer el futuro. Este conocimiento se basa en la observación de los asuntos humanos y patrones estadísticos. Todos estos enfoques astrológicos son similares al tiempo del reloj: proveen un ritmo mecánico con el cual la vida es medida. Pero la vida funciona en términos de ritmos orgánicos que tienen su propia autoridad, sin importar lo que diga el reloj. Experimentamos nuestra vida según nuestros sentimientos y procesos internos, y el tiempo del reloj —al igual que los cálculos astrológicos— sólo da una visión aproximada de lo que realmente sucede.

Resonancia en el amor

Compatibilidad significa resonancia entre dos personas. Al tratar asuntos de compatibilidad, es importante tener en cuenta que una verdadera pareja debe estar basada en lo que realmente son las dos personas. Por esta razón, es inútil tratar de fingir lo que uno no es para ser compatible con alguien. En tales circunstancias, incluso si el engaño funciona, atraer una persona con quien no se tiene resonancia interior, es un logro destinado a ser frustrante —y puede mantener al margen a las personas con quienes se es verdaderamente compatible—.

Un enfoque general o de conjunto, es analizar en términos de la energía y los ritmos de la misma; esto es, en términos de ritmos orgánicos en lugar de cronológicos. Estos ritmos orgánicos también afectan la compatibilidad y el tiempo propicio.

Para ser compatibles, las energías de dos personas deben sincronizarse y resonar entre sí. Es común conocer a alguien e inmediatamente saber que es la persona apropiada. Este es el aspecto interior de la compatibilidad, que está asociado con los factores yin.

Una relación cercana de este tipo no tiene que ver con la proximidad física, sino con la resonancia energética, para la cual la distancia no es una barrera. Hay un refrán chino que dice, "cuando hay una fuerte afinidad, mil millas no pueden separarlos; cuando no hay afinidad, no estarán juntos incluso siendo vecinos".

Pero la compatibilidad es más que sólo pasión y deseo: también depende de asuntos sociales, como la familia, la educación, la profesión y la cultura. Éstos no son factores del todo limitantes, pero sí marcan una pauta. Este es el aspecto exterior de la compatibilidad, que está asociado con factores yang.

Una campesina que contrae matrimonio con un miembro de una familia real puede enmarcar una buena historia romántica, pero después de que la pasión inicial pierde intensidad, la incompatibilidad social puede convertirse en un problema. Considere a alguien perteneciente a una familia rural pobre, acostumbrado a escatimar y ahorrar, siendo parte de una familia adinerada. Las características predominables en una condición social, pueden convertirse en tacañería y avaricia en el otro. Las parejas de origen muy diferente pueden generar grandes historias de amor, pero no siempre familias felices. La pasión puede iniciar una relación, pero no se puede contar con que la sostenga.

Llegará el momento

En todos los grupos sociales, en todas las culturas, hay tiempo para todo tipo de actividad: estudiar, casarse, formar una familia, etc. Hay variaciones en el tiempo apropiado de lugar a lugar, pero el patrón es el mismo.

Desde los comienzos de la humanidad, las personas se han preguntado cómo encajan en estos patrones generales. Desde un punto de vista social (yang), claramente hay momentos ideales para casarse, formar una familia y criar hijos. Pero la pregunta de cuándo enamorarse —el momento ideal para ello— rara vez es mencionada, ya que hay una contradicción entre "enamorarse" y planear tal evento. En otras palabras, el amor a menudo surge espontáneamente (yin), no como el resultado de manipulaciones o esquemas (yang).

Así como en la compatibilidad, es necesario que haya un equilibrio entre los aspectos yang y yin: el planeamiento y la espontaneidad no son suficientes. A menudo se dice que la selección del momento indicado lo es todo. Tratar de dominar una situación manipulando el tiempo es un error. No trate de forzar nada: deje que sucedan las cosas. Esto no es lo mismo que rendirse. Esto significa esperar el momento adecuado, tener sensibilidad a la situación. Es un proceso natural espontáneo que surge de la intuición clara de un corazón equilibrado. Dejar que sucedan las cosas no es planear o manipular. Aunque no hay reglas para predecir cuándo llega el momento apropiado, podemos aprender a ser sensibles y abiertos, de tal forma que seamos conscientes de las cambiantes influencias que nos rodean.

De este modo, podemos ver que enfocarse exclusivamente en el aspecto yin da energía inicial, pero puede no sostener la relación; concentrarse sólo en el aspecto yang puede ser práctico, pero podría hacer falta el ímpetu inicial o vida interior. Como en todas las cosas, el yin y el yang deben existir e interactuar para que haya un sistema como tal —esto es, para que la relación se dé y prospere—.

Si los procesos naturales fluyen para producir vínculos entre personas compatibles, ¿por qué hay tantas personas con perfectas cualidades solteras? La respuesta es que los procesos naturales son muy simples, pero los seres humanos se han alejado mucho de estos ritmos; han interferido con los procesos que de otra manera los conducirían a estar junto a quienes son compatibles con ellos.

En lugar de adivinar el momento ideal para comprometerse románticamente o de otra forma, podría ser mejor señalar el momento menos indicado.

El peor momento para una relación es cuando la persona se encuentra totalmente desesperada por tenerla. En ese instante, lo que necesitamos, deseamos y podemos ofrecer no se encuentra en equilibrio. Lo que deseamos puede no ser lo que necesitamos, y si lo obtenemos las cosas podrían ser aun más confusas. Estamos desesperados por llenar un vacío interior, sin tener lo suficiente para ofrecer.

Después de terminar largas relaciones o compromisos, las personas suelen tener una serie de experiencias sentimentales poco satisfactorias —o terminan haciendo una elección equivocada que después deber ser deshecha—. Por otra parte, cuando alguien no está interesado en tener una relación, es improbable que termine enamorándose.

Para quienes buscan con ansiedad la media naranja, la pregunta persiste: ¿cuándo sucederá? El momento indicado es cuando la persona se enamora naturalmente —¿pero cómo y cuándo?—. *Todas estas preguntas deben ser olvidadas.*

La ansiedad y la preocupación sólo pueden interferir en algo que podría suceder. Es necesario tener la confianza de que cuando las condiciones sean apropiadas, las cosas sucederán. En la teoría del yin-yang, si hay yin debe haber yang. Si hay un corazón solitario esperando compañía, debe haber otro en la misma situación. La razón para que uno exista en una configuración, es que alguien más existe en la configuración complementaria: el yin y el yang emergen a la existencia juntos. Si usted puede entender el significado de estas implicaciones, tendrá fe de que al final no estará solo o aislado.

Como se mencionó en el capítulo 2, la atracción yin-yang es un proceso natural: cuando esté listo, ocurrirá. Cuando se pregunte, "¿qué puedo hacer para atraer a alguien?", la respuesta es trabajar en sí mismo: Sea feliz con su vida; conózcase a si mismo.

Al trabajar en uno mismo, como en otras actividades, y se presentan muchos obstáculos, es mejor detenerse y esperar el momento adecuado. Cuando hay oportunidades, hay que actuar de inmediato. Si los problemas son difíciles de afrontar, tratar de forzar las circunstancias llevará a la frustración y el fracaso. En otras palabras, cuando la tierra está congelada, no es el momento indicado para sembrar. Cuando el clima se ha moderado, hay que estar preparado para sembrar lo más pronto posible y aprovechar la oportunidad. No intente sembrar cuando la tierra no lo permite: es inútil tratar lo contrario. Todo lo que se puede hacer es estar preparado. Si preparamos nuestras actividades y tenemos listos los recursos, al llegar el momento indicado para el cambio podemos movilizar dichos recursos y aprovechar por completo la oportunidad.

En el diagrama del Tai Chi, cuando un lado está avanzando, el otro lado cede. Ceder no significa rendirse. Ceder es regresar en otra ocasión cuando sea el momento adecuado. Por consiguiente, cuando las influencias negativas se estén manifestando, no actúe; espere. Cuando se manifiesten las influencias positivas, actúe para aprovechar el momento. Si la oportunidad llega, no vacile y actúe con rapidez.

Estos son principios generales, y pueden ser muy abstractos al intentar entender la ansiedad que a menudo sentimos respecto a cómo y cuándo encontraremos la persona apropiada —y cómo saber si efectivamente es la adecuada cuando la conocemos—. Recuerde el punto esencial: al final, el tiempo propicio y la compatibilidad no son un problema. Una pareja compatible existe; la ansiedad por crearla es una pérdida de energía y tiempo. Cuando las condiciones son propicias, las personas compatibles se encuentran. Si esto no ha sucedido, sólo puede ser debido a que las condiciones aún no son apropiadas. La respuesta a la pregunta de por qué las cosas no se ajustan a nuestros deseos, es que de algún modo hemos interferido en los procesos naturales que habrían hecho que tales deseos y nuestro mundo se conectaran como un solo engranaje.

Mente y corazón

Hay un asunto final que tiene que ver con la compatibilidad y el tiempo propicio. Hemos hablado en términos de circunstancias ideales. Sin embargo, en el mundo real, surgen situaciones que no son tan favorables.

A veces el deseo emerge entre dos personas en situaciones que no serían las adecuadas para cruzar el límite y actuar de acuerdo al deseo. Tal vez uno o los dos ya están casados, o su situación laboral o profesional es inapropiada (jefe y empleada o estudiante y profesor). ¿Cómo podemos manejar tales situaciones? Las personas a menudo están atrapadas entre el deseo del corazón y el razonamiento de la mente.

Para tratar lo anterior, regresemos a los fundamentos del yin y el yang. Las manifestaciones superficiales (yang) pueden ser confusas; la solución radica en encontrar la fuente, el ser interior (yin). En lugar de iniciar juicios o debates internos, las personas deben analizarse a sí mismas y tratar de hallar la fuente de este deseo o atracción. ¿Es resultado del aburrimiento en la relación actual? ¿Es una fantasía para contrarrestar la desesperación o tristeza? ¿Es una emoción temporal y no amor verdadero? ¿Se trata de una conquista que satisface el ego y el orgullo? ¿O es la fascinación con alguna cualidad que uno ha proyectado en la otra persona? Un cuidadoso autoexamen aclarará muchas de estas situaciones, y al lograrlo, muchas de ellas serán disueltas. Pero, en ocasiones hay un fuerte deseo o dependencia que persiste, y debe ser usado otro aspecto del yin-yang.

El presente es yang; el futuro es yin. En el presente, puede haber fuerte fascinación y dependencia. Entonces trate de visualizar la vida más allá del presente, digamos dentro de cinco o diez años. ¿La persona será tan apasionada y fascinante luego de cinco años? Después de todo, hace cinco años la relación que tenía probablemente era muy similar a la actual. A menudo, cuando conocemos personas en el trabajo o una reunión social, sólo apreciamos su aspecto superficial, el que se presenta en público, no en su totalidad, donde se incluye lo privado y lo público. Es muy posible que, a medida que pasa el tiempo y se crea familiaridad, la nueva pareja podría ser tan poco satisfactoria como el actual compañero(a).

Este tipo de análisis yin-yang a menudo resuelve tales preguntas, poniéndolas en su contexto más amplio y mostrando el origen de los sentimientos, siempre que podamos mantener un enfoque equilibrado y evitar la tentación de desbalancearlo. Existe la posibilidad de que encontremos, después de un cuidadoso análisis, que no tenemos un fuerte vínculo con la nueva persona ni una compatibilidad realmente profunda —y que la relación actual no está bien cimentada—.

Hay muchas circunstancias —culturales, religiosas, legales, etc.— que tendrán un impacto en su decisión. Todos estos factores deben ser considerados, pero es necesario que también trate honestamente sus propios sentimientos. Si encuentra que en realidad cree que lo indicado es hacer un cambio, entonces debería hacerlo. A veces, después de uno o dos años de matrimonio las personas se dan cuenta de que han cometido un error, pero toma una o dos décadas salir de la relación. Este tipo de indecisión no es apropiada para ninguno de los miembros de la pareja.

La vida es mágica, y la naturaleza es como un mago que puede hacer extraños trucos frente a nosotros. Pero sin importar las circunstancias, la vida se trata de las elecciones que hacemos dentro de las circunstancias que nos son dadas. Lo que somos no es un producto de éstas, sino de las decisiones que tomamos al enfrentarlas, y tenemos que considerar lo que estamos eligiendo para el futuro.

5

Amor y comunicación

En la cultura occidental, ¿cuándo una historia de amor tiene un final feliz? Gran parte del enfoque al escribir sobre amor se centra en las primeras etapas: las citas, el noviazgo y unión final de la pareja. Pero en un sentido real esto es sólo el comienzo de un largo viaje. En Oriente, la bendición acostumbrada es, "cien años de unidad armoniosa". Enamorarse y casarse es la parte inicial; es la semilla de la cual crecerá la relación plena.

Amor es el viaje completo

El amor no es un premio o regalo, o una fruta que cae del árbol. Es un proceso. La vida entera del árbol. Las relaciones amorosas, como todo en la naturaleza, son dinámicas y siempre están cambiando. Si no seguimos cuidando el árbol, no crecerá bien y tal vez no dure mucho.

Cuidar el árbol del amor es a su vez satisfactorio y desafiante. No hay dos árboles iguales, tampoco dos relaciones. Pero sus requisitos básicos son los mismos: dedicación, paciencia, sensibilidad y conciencia. Distintos árboles pueden requerir diferente suelo, agua, luz y temperatura. Algunos son conocidos por sus flores o frutos, y otros por su belleza. Además, diferentes etapas en el proceso de crecimiento requieren distintos tipos de atención. Cuidar un árbol cuando es una planta de semillero, no es lo mismo que cuidarlo cuando está maduro. Debemos ser sensibles a su propio ciclo de vida: no podemos acelerar o retrasar el proceso. El árbol florece naturalmente al final de la primavera, no es bueno tratar de forzarlo a que lo haga a comienzos de dicha estación. Si lo podamos en el momento equivocado, el árbol podría torcerse o deformarse.

Lo mismo es aplicable al cultivar, conservar y mejorar una relación. En general, la mayor emoción se siente en las primeras etapas de la misma. Después que la relación se estabiliza, o luego de contraer matrimonio, las cosas parecen cambiar, incluso hasta el punto del aburrimiento. Por esta razón muchas veces la gente dice que el "matrimonio es la prisión del amor". Pero, en realidad, es el comienzo de un largo viaje.

Este viaje es similar a un río: inicia con unos pocos manantiales pequeños que se unen y forman un arroyo más grande, llega a una cascada o rápidos, luego baja por terreno montañoso hasta las llanuras, y finalmente desemboca en el mar. El matrimonio es el arroyo de la montaña después del estruendo de la cascada. Una vez que pasa los rápidos o el salto de agua, el arroyo tiene un tipo de belleza diferente. Aún puede fluir a través de muchos tipos de terreno, cambiando de curso mientras avanza, más rápido y más despacio en diversas partes, a veces cantando como una bandada de pájaros regresando al bosque en el atardecer, o haciendo un estruendo como un caballo salvaje que galopa por un campo abierto. Cuando el río finalmente llega a las llanuras, se torna tranquilo y silencioso.

La belleza de este largo viaje, una vez que han terminado las caídas, brinda aun más satisfacción y alegría interior. Pero las personas suelen estancarse en la etapa de la estrepitosa cascada, de intensidad apasionada, como si eso fuera todo. Si hay una cascada, debe haber un río más adelante; si hay yang, también debe haber yin —y una transición de la dinámica etapa yang a la tranquila etapa yin—. Cuando el arroyo acaba de emerger y ruge a través de las montañas, es natural que sea dinámico y emocionante; cuando llegue a las llanuras, será tranquilo y estable.

Es de la naturaleza humana enfocarse en un momento particular, en sólo una etapa del viaje, e ignorar el río como un todo. La fase dinámica y la estable tienen su propia belleza. Erróneamente, la gente suele ver la diferencia entre la intensidad del noviazgo y la relativa tranquilidad después del matrimonio, como un cambio de una relación a otra. Parece que la primera relación ha terminado para ser reemplazada por una menos excitante, una que requiere menos atención y cultivo. Esto también involucra romper equivocadamente una secuencia continua en fases rígidas. Pero el río fluye como un todo, no como una serie de segmentos contenidos en los límites trazados en un mapa. Cuando ampliemos nuestra perspectiva, podremos disfrutar el viaje completo viendo todo el panorama. La perspectiva correcta (para ver la historia de amor en términos del viaje total) y la actitud apropiada (ver que cada etapa involucra curiosidad mutua y descubrimiento mutuo, a un ritmo más lento pero más profundo) forman una buena base para una relación valiosa y duradera.

Sin embargo, cualquier relación amorosa que involucre dos almas siempre es dinámica y desafiante. Qué tan bien se mezclen las energías yin y yang depende de la clase de comunicación que se dé entre las personas. La buena comunicación juega un papel importante en cada etapa de las relaciones sentimentales humanas. A menudo, las personas indicadas que se encuentran en el momento propicio no terminan juntas debido a una mala comunicación —o pueden captar señales equivocadas y desperdiciar mucha energía sólo para obtener resultados negativos—.

La perspectiva correcta y la actitud apropiada son importantes, pero la buena comunicación es crucial. Es un elemento clave en el noviazgo: una pareja bien acoplada puede separarse por la deficiente comunicación, o una mal acoplada puede luchar infructuosamente por permanecer unida, porque los dos no tienen un entendimiento claro de sus incompatibilidades.

El secreto de la comunicación

A menudo pensamos en la comunicación como un intercambio de ideas, pensamientos o deseos entre la gente.

Creemos que se da a través de medios físicos: palabras escritas o habladas, o gestos. Pero, en realidad, el cuerpo humano, como el universo y todo lo que hay en él, es un sistema abierto. Nunca deja de emitir, recibir e intercambiar energía e información con lo que lo rodea. En un sentido general, siempre estamos comunicándonos con todo lo que nos rodea —y, en realidad, a través de nuestra unión con el cosmos, con todo lo que hay en él—.

Aunque en términos prácticos consideramos la comunicación como un intercambio con objetivos intencionales, no podemos ignorar el hecho de que ocurre sobre un rango amplio, tengamos o no la intención de que así sea.

Muchas personas no entienden por completo cómo es que funciona la comunicación; aun menos, que es posible trabajar con patrones comunicativos como lo hacemos con otros patrones naturales, por ejemplo el flujo de agua o aire.

En cualquier comunicación, la información fluye en todas las direcciones a la vez. Siempre hay aspectos yin (inconscientes) y yang (conscientes). El aspecto yang de la comunicación es el que se manifiesta claramente a través de la voz y los gestos a un nivel consciente. El aspecto yin tiene que ver con el nivel invisible o inconsciente de la comunicación. Por supuesto, gran parte de la comunicación que conocemos pertenece al primer patrón: es verbal y apoyada por gestos corporales. Sin embargo, cuando hablamos, mientras nos proyectamos en un nivel consciente, también lo hacemos en un nivel inconsciente. A veces la otra persona puede captar la comunicación inconsciente, otras veces no.

Si dos personas están hablando, podemos decir que hay cuatro canales comunicativos entre ellas (vea la figura 5.1). El primer canal involucra la comunicación consciente a consciente (yang-yang). Una persona conscientemente dice algo, y la otra es consciente de ello.

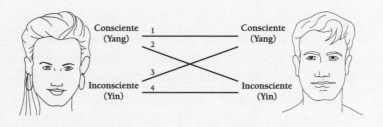

Figura 5.1: Cuatro canales de comunicación

El segundo canal involucra la comunicación consciente de una persona y la percepción inconsciente de la otra, quien puede sentir que algo sucede, sin poder saber qué es. Es el canal yang a yin.

El tercero involucra una expresión inconsciente que es percibida conscientemente por la segunda persona, quien se da cuenta de que la primera persona ha expresado algo sin saberlo o pretender hacerlo. Este es el canal yin a yang.

El cuarto canal se presenta cuando la expresión y la percepción son inconscientes (el canal yin a yin). Ninguna de las personas es explícitamente consciente de la comunicación que se está llevando a cabo, pero de todos modos tiene efectos. Un pensamiento inconsciente puede ser proyectado por una persona y recibido por otra sin pasar a través del nivel conciente de cada una de ellas. Este tipo de información puede afectarlas, incluso si no reaccionan de inmediato. En este tipo de comunicación, las personas no saben por qué reaccionan de la forma que lo hacen.

A menudo, las personas no hablan por completo de lo que hay en sus corazones, y creen que al no expresar sus pensamientos verbalmente (o a través de otros medios, como los gestos), nadie los captarán. Pero este no es el caso.

Todos captamos comunicaciones implícitas o no verbales. Por esta razón, los vendedores que creen en el valor de sus productos pueden proyectar su confianza y hacer ventas sin mucho esfuerzo. Si no están seguros del producto que ofrecen, entonces sin importar qué tan buena sea la presentación verbal, el comprador puede dudar, pues capta el pensamiento a través de la comunicación yin a yang.

En cualquier comunicación, todos estos patrones suceden simultáneamente en diferentes grados. Por esta razón, a menudo son vanos los intentos por estafar o manipular a las personas con la comunicación verbal. Usted puede creer que lo que está diciendo es razonable, pero los demás no lo están aceptando. Esto se debe a que reciben información contradictoria que usted transmite desde el subconsciente.

Por desgracia, en la intención de manipular las comunicaciones, las personas han llegado a los extremos. La verdad es que entre más tratemos de manipularlas, más fácil será de descubrirlo, y menos funcionarán tales intentos.

Por esta razón, la franqueza y la veracidad son naturalmente la mejor forma de comunicarse. El universo es un sistema abierto: nada puede esconderse.

En una comunicación franca y verídica, los cuatro patrones comunicativos están unificados: nada está oculto, y no hay distinción entre consciente e inconsciente. Muchos tratan de mostrar una realidad inexistente en los diferentes tipos de juegos comunicativos. Sin estos esfuerzos, la vida sería mucho más sencilla.

La primera comunicación

La comunicación sincera es vital. Sin embargo, a menudo las personas no tienen claro lo que realmente desean, piensan o sienten. De este modo, cuando alguien no sabe que quiere, piensa o siente, es difícil lograr una verdadera comunicación.

El primer y más importante tipo de comunicación es la que hacemos con y dentro de nuestro ser. Comunicarse con uno mismo significa conocerse a plenitud a sí mismo. Sólo al lograrlo, es posible establecer una comunicación verídica con los demás. No es raro encontrar individuos que hablan durante horas, y al final aquel que los escucha dirá, "en realidad no sé lo que usted quiere decir". Esto suele ocurrir cuando la persona que está hablando tampoco sabe lo que desea.

La clara comunicación con uno mismo, que crea la base para los otros tipos de comunicación, surge de un proceso de autoconocimiento. Sólo por medio de una franca relación interna, podemos empezar a aclarar asuntos que emergen cuando entablamos comunicación con otras personas. Para entender a los demás, debemos primero conocernos a nosotros mismos.

El yin y el yang de la comunicación

La comunicación es un proceso de transmitir y recibir, lo cual podemos llamar aspectos yang y yin respectivamente. Si el receptor no está funcionando bien, sin importar qué tan fuerte sea el transmisor, el mensaje no será recibido. Similarmente, aún cuando el receptor sea muy bueno, si el transmisor no está funcionando, no se transmitirán mensajes.

Existe la creencia que al momento de hablar, siempre hay recepción del mensaje. Por tal razón a menudo se dicen cosas tales como "cuántas veces tengo que decirle . . ." o "ya le he dicho muchas veces . . ."

La mujer y el hombre, como representantes del yin y el yang, poseen diferentes energías. A su vez, las formas en que transmiten y reciben energía también son distintas. Las mujeres pueden no ser tan directas como los hombres al transmitir sus ideas; los hombres no siempre son oyentes efectivos, o buenos para jugar el papel de receptor.

Es importante tener en cuenta la inherente naturaleza de estas diferencias yin y yang, al tratar asuntos de comunicación. Esto se aplica al mensaje mismo y a los participantes del intercambio.

Transmitir el mensaje

Una cosa es ser franco, veraz y claro dentro de uno mismo; sin embargo, es muy diferente la forma como se comunica o transmite la información.

En cualquier relación, hay cosas que nos gustan y otras no. Es importante, y fácil, comunicar claramente lo que disfrutamos o encontramos agradable. El problema surge cuando hay cosas que no nos gustan o con las cuales hay desacuerdo.

Algunas cosas desagradables pueden no ser del todo importantes —pero es necesario reconocer con claridad lo que son, y ver que en realidad no tienen relevancia—. Sin este reconocimiento, es probable que inconscientemente se proyecten niveles bajos de enojo cada vez que se presentan tales situaciones. Por otra parte, si reconocemos plenamente que esas cosas son poco importantes, proyectaremos claridad y aceptación en lugar de enojo inconsciente.

Por supuesto, también hay ocasiones en que si necesitamos comunicar con claridad graves dificultades. Los amantes suelen tratar de sugerir esquemas y estrategias para lograr el objetivo. Todos los planes o estrategias podrían funcionar y de este modo alcanzaríamos objetivos limitados durante un tiempo limitado, pero esto tiene un precio.

Si le disgusta algo que una persona hace, puede tratar de mantener en su interior el sentimiento causado, pero debido a que el organismo humano es un sistema abierto, el esfuerzo será infructuoso. Sin embargo, esto no significa que debe comunicar la información de la manera más fuerte y directa posible. Una línea curva a menudo es mejor que una recta.

Recuerde: los patrones de la naturaleza son circulares, no lineales. Es fácil llenar un recipiente de agua en un arroyo suave; es mucho más difícil hacerlo en un río turbulento. La información expresada de forma brusca puede no ser transmitida; el receptor podría desanimarse por esa actitud y no asimilar el contenido. También es posible que el mensaje sea transmitido, pero no dejará una impresión. La misma información, comunicada apropiadamente, puede ser recibida antes que el receptor piense en no ponerle atención. No obstante, el mensaje, aunque comunicado amablemente, debe ser claro.

Esta es sólo una pauta general. Comunicar un mensaje es un arte que mejora con la práctica y la experiencia, y mucho depende de las dos personas involucradas. La atención cuidadosa siempre mejorará nuestras habilidades.

El momento indicado para comunicar y responder

Al manejar relaciones, desde las recién formadas hasta las que llevan mucho tiempo, la clave es seguir los ritmos naturales. La comunicación clara es importante, ya que es la transmisión de un mensaje. Pero cuándo hacerlo —el tiempo propicio— también es crucial.

Los seres humanos somos animales rítmicos, y las emociones se manifiestan en diferentes patrones temporales. Es importante comprender esos patrones, y encontrar los mejores momentos para la proyección y recepción. Si un lado no está receptivo, es una pérdida de tiempo y energía que el otro se proyecte.

Cuando uno es yang, el otro debe ser yin: cuando uno está hablando, idealmente el otro debería estar escuchando. Si uno está proyectando frustración e ira como yang, a menudo es mejor que el otro no responda de la misma forma. Yang a yang no funciona: cuando uno presiona, el otro debe ceder. Esto no significa rendirse; ceder es transformar la energía opuesta y mantener el equilibrio propio.

Considere una joven pareja de profesionales que trabajan tiempo completo. El esposo ha tenido un día pesado, llega a casa agotado y frustrado, y encuentra que todo está en desorden, o la comida no está lista, lo cual aumenta el estrés que podría ser descargado sobre su esposa. Ésta a su vez podría resistirse y también devolver ira al mismo tiempo. Por otra parte, si la esposa puede neutralizar la ira de su cónyuge en ese momento, podría evitar una larga noche llena de recriminaciones. Luego, después de la cena, cuando el esposo se haya calmado, la mujer puede señalarle su actitud irracional e injusta —y es mucho más probable que él escuche y acepte lo que su esposa le dice—. Este también puede ser el momento para que ella exponga sus propios asuntos para que sean considerados.

En el diagrama del Tai Chi, el límite que conecta el yin y el yang es una línea curva, no una recta. En otras palabras, cuando yang presiona, la sumisión le da a yin el poder para contrarrestar esa fuerza.

Una buena relación puede ser medida por la realización de la expectativa y el deseo. Las emociones humanas son tan complejas, que las personas suelen evitar expresarlas con palabras. No quieren perder el poder y la magia de sus sentimientos. Por esta razón, a menudo no desean decir lo que realmente quieren. Ver cumplido un deseo no expresado es muy diferente a la realización de una petición hablada. El amor significa que no debemos decir mucho.

La comunicación verídica, la forma adecuada de transmitirla y el tiempo propicio para hacerlo, son los aspectos esenciales para cultivar una buena relación. Las palabras verdaderas tienen poder: penetran en las profundidades del alma. Mientras crecemos, aprendemos a dar discursos como los políticos, fiándonos de la técnica para transmitir nuestros mensajes. Sin embargo, los políticos, al igual que los actores, necesitan la técnica porque a menudo simulan la verdad, en lugar de hablar con sinceridad. Pero la verdad tiene su propia energía.

La magia de hablar en voz baja

A menudo pensamos que la comunicación fuerte ayuda a transmitir un mensaje. Pero, en un sentido muy real, una comunicación suave, incluso como un susurro, que es yin, tenderá a resonar más con la entidad receptora, que en estado de recepción también es yin. Por esta razón, en muchas situaciones es mejor hablar en voz baja. Hablar de esta forma tiene una magia especial. A menudo, los profesores que tienen problemas para controlar una clase ruidosa, consiguen mejores resultados cuando hablan en voz baja en lugar de gritar. Todos los estudiantes hacen silencio porque quieren escuchar el secreto.

La naturaleza humana tiene la tendencia a subestimar el poder del yin —el de no manifestación, el de sutileza—. La proyección, manifestación y expresión tienen que ver con la fuerza yang o masculina. Pero el yin es un poder tan real como el yang. Una voz tranquila, un contacto suave o una imagen vaga pueden ser tan efectivos como sus equivalentes yang. Si apretamos con fuerza una piedra, todo lo que podemos sentir es la tensión en los músculos. Al tomarla suavemente, sentiremos la textura de la piedra misma. Lo mismo se aplica a todos nuestros sentidos o medios de percepción. La proyección fuerte puede provocar resistencia, y el receptor ante todo experimenta la rigidez de la misma; la proyección suave crea atención, y luego el receptor puede prestar atención a lo que está siendo comunicado.

Comunicarse en el momento indicado y la forma apropiada, ayudará a crear una buena base para una relación armoniosa. Sin embargo, a pesar de todas las buenas intenciones, a menudo hay otro aspecto a tener en cuenta: la percepción.

Los diferentes patrones de energía característicos del hombre y la mujer, conducen a formas distintas de percibir situaciones y diversas perspectivas del mundo humano. Esto a menudo lleva a una brecha entre la percepción masculina y femenina de una situación.

A menudo, una mujer percibe asuntos o problemas en una relación que el hombre no capta o ni siquiera percibe. Sin importar en si la situación es "real" o no, cuando una persona percibe la existencia de un problema y la otra no, hay un problema real entre ellas. Por esta razón, es crucial que los hombres sean sensibles y pongan atención cuando se presentan tales situaciones. Esto requiere una actitud apropiada y la disposición a ser receptivo, además de conciencia y sensibilidad —la capacidad de colocar atención—.

Hacer esto requiere intuición. Algunas personas son naturalmente más intuitivas que otras. Pero, ¿cómo podemos desarrollar este tipo de conciencia y sensibilidad? ¿Cómo podemos agudizar nuestra intuición? La sensibilidad se da más fácilmente cuando el cuerpo y la mente están relajados y el corazón abierto. Sin embargo, la intuición requiere ir más allá.

Cultivar la intuición

¿Qué es exactamente la intuición? ¿Cómo puede ser definida? ¿Es un sentimiento interno reflejado en el organismo físico? ¿Es lo que sabemos sin una razón aparente? Si seguimos la intuición, suponemos que no podemos cometer errores, ya que la energía intuitiva es la fuerza natural del cosmos. Sin embargo, a menudo creemos que estamos siguiendo nuestras intuiciones —pero nos estrellamos—. "Creo que él (o ella) es una buena persona, la indicada para mí". Y luego, pocas semanas después, "¡qué equivocación!"

¿Cómo pueden ser tan equivocados los sentimientos internos? Si en realidad fueran producto de una verdadera intuición, no serían equivocados. Entonces, ¿qué es la verdadera intuición? La intuición es un sentimiento —el *primer sentimiento*, el *primer pensamiento*—. Pero en fracción de segundo una docena de pensamientos pueden pasar por nuestra mente: no siempre es fácil captar el primero.

Cuando alguien nos regala una hermosa rosa, con dificultad somos conscientes del primer sentimiento, porque de inmediato reconocemos que es una rosa, que es roja; percibimos su aroma y empezamos a pensar en lo que podría significar. El primer pensamiento ya se ha disipado, incluso antes de que nos diéramos cuenta que existió.

Entonces, ¿cómo podemos captar estos primeros pensamientos? ¿Cómo podemos desarrollar la intuición? Algunos podrían pensar que la forma de hacerlo es a través de la meditación, del trabajo energético, etc. Estos métodos ayudan un poco, pero la idea de aprenderlos y practicarlos puede ser engañosa, pues implica que tomaría años de esfuerzo desarrollar una verdadera intuición.

La forma natural es sencilla, emplea algo que ya tenemos y usamos. Desarrollar la intuición es empezar a seguir nuestros sentimientos. Los sentimientos que seguimos pueden no ser los primeros en surgir, y esto puede crearnos problemas de vez en cuando. Nuestros sentimientos son el vehículo que ya tenemos. Lo importante es que, incluso si fallamos muchas veces, no quedemos frustrados o resentidos. Esta reacción de frustración es lo que guía a las personas a cerrar su propio conocimiento interior para confiar sólo en las opiniones de los demás. En lugar de eso, reconozca que debe haber ignorado el sentimiento inicial, continúe poniendo atención y confíe en su primera impresión.

Mientras sigue confiando en sus sentimientos, éstos serán cada vez más cercanos al pensamiento o sentimiento inicial. Gradualmente encontrará que está captando el sentimiento indicado, y alcanzará la etapa en que tendrá la seguridad de que lo que sabe es verdadero. No se aleje de sí mismo. Recuerde que usted es la naturaleza, el universo, la energía del cosmos.

La sensibilidad, el conocimiento y el entendimiento intuitivo entre la pareja enriquecerán profundamente cualquier relación. No es difícil cultivar estas cualidades y es crucial adoptarlas. Muchas relaciones entre personas compatibles se han perjudicado seriamente por falta de atención a estos aspectos.

Una de las experiencias más satisfactorias es hacer que alguien responda a uno sin decirle que hacer. Sin embargo, es aun más valioso que uno pueda responder sin que nada sea dicho. Esto guía a una realización de la relación en un nivel muy profundo, uno que va más allá del mundo consciente ordinario.

Tener la perspectiva apropiada en el largo viaje del amor, poseer la actitud correcta de continua búsqueda y descubrimiento, incluso después que dos corazones se han unido, y tener una clara y buena comunicación, son las formas de asegurar una historia de amor realmente hermosa.

6

Cuerpo, mente y qi

U n hombre dijo a una joven madre quien se encontraba ocupada con su hijo: "criar un bebé requiere de mucha energía". "No", respondió ella, "no requiere energía, sólo amor".

Este debe haber sido su primer bebé. Si hubiera sido el segundo o tercero, se habría dado cuenta de que el amor proviene de algún lado. El amor es una manifestación del qi. Esta particular manifestación descansa sobre dos pilares: el cuerpo y la mente. Sin fuerza física y energía, y sin el adecuado equilibrio emocional, el amor es simplemente una nube en un cielo soleado, no puede manifestarse como lluvia.

No importa si es una pareja joven que apenas se sumerge en el mar del amor, o una antigua con una relación bien experimentada —un cuerpo sano y una mente equilibrada son ingredientes claves para que la unión sea sólida y satisfactoria—. (Esto no significa que estos dos ingredientes sean suficientes —pero desde luego son necesarios—). Un cuerpo saludable y una mente sana conducen a un amor floreciente.

Hay muchas formas de analizar la salud, y muchas maneras de trabajar con ella. ¿Qué es un cuerpo sano? Los doctores pueden tener en cuenta una larga lista de parámetros para determinar qué tan sana está una persona: pulso, presión sanguínea, colesterol, etc. Por otra parte, un entrenador de un gimnasio podría usar una serie de parámetros muy diferentes para determinar lo mismo. Pero ninguna de estas características ofrece la visión de conjunto: ninguno brinda un esquema definitivo y completo de la salud de una persona.

Por supuesto, en términos generales, un cuerpo saludable es el que funciona bien en la vida cotidiana: comiendo, durmiendo, pensando, trabajando y amando de manera apropiada.

Otra forma de ver la salud es examinar el nivel de energía: qué tan abundante es el qi. La abundancia de qi es como un indicador sumario de todos los juegos de parámetros. Donde hay abundante qi, hay mucha vida y salud. Por desgracia, no somos capaces de cuantificar el qi —tenemos que juzgar la cualidad de sus manifestaciones—.

Una de las más importantes formas de mejorar la salud y aumentar el flujo de qi, es el ejercicio. Hay un dicho chino —"el agua corriente no se estanca"— que a menudo es usado para describir el valor de la actividad física para mantener el cuerpo saludable.

Cuando las personas piensan en el ejercicio, a menudo se refieren a ejercicios tales como el baloncesto, el fútbol, el tenis, o llevar a cabo una rutina de ejercicios en un gimnasio utilizando aparatos especializados. Hay muchas opciones;

cada una es buena a su modo y se ajusta a un propósito particular para un determinado estilo de vida. Los ejercicios realizados al practicar deportes son beneficiosos para los sistemas muscular y cardiovascular; mejoran el metabolismo, reducen la carga sobre el corazón y bajan los niveles de colesterol. En las últimas décadas, muchos profesionales de la salud han girado su atención al correr y al atletismo. Aunque estas dos actividades son más normales para animales de cuatro patas como los perros y caballos, para los seres humanos es más natural el acto de caminar.

Actualmente hay muchos programas y ejercicios para la buena salud que dependen de aparatos y otros elementos. Todos garantizan grandes resultados. Los aparatos tienden a ser más atractivos para quienes desean tener el cuerpo bien formado —delgado y esbelto, o musculoso y fuerte—.

Sin embargo, todas las opciones ya mencionadas tienen serias limitaciones, y no necesariamente están ligadas de forma directa al mejoramiento de la salud. Según estadísticas, atletas y grandes deportistas no viven más que la edad promedio. Jim Fixx, un afamado promotor de maratones en los Estados Unidos durante mucho tiempo, tuvo un ataque cardiaco a una edad relativamente joven.

Cuando las personas se enferman, o no pueden desempeñarse adecuadamente en sus labores, a menudo no es porque sus músculos se han debilitado o el cuerpo no esté en forma. La enfermedad por lo general se origina por la disfunción de sistemas orgánicos internos: fallas en los riñones, el corazón, etc. El enfoque occidental de la salud es muy diferente al oriental. Es importante recordar que la medicina moderna tiene algo más de un siglo de existencia —a diferencia de las tradiciones médicas de China y la India, que se remontan a miles de años atrás—. La medicina occidental ha logrado grandes resultados al erradicar enfermedades virales y bacteriales, y desarrollando sofisticadas herramientas de diagnóstico, pero en lo que respecta al tratamiento de problemas de salud y enfermedades funcionales, se encuentra en sus inicios. Durante mucho tiempo la medicina tradicional en Asia ha reconocido el complejo sistema energético del cuerpo, y ha desarrollado una brillante teoría para explicarlo. Muchos de los ejercicios tradicionales en Asia se enfocan en fortalecer órganos internos y equilibrar la energía, en lugar de concentrarse en la musculatura externa.

La forma natural es la sencilla —este es uno de los principios básicos que pueden guiarnos—. Tendemos a buscar respuestas fuera de nosotros mismos y en lugares exóticos. Una manifestación de esta tendencia es depender de aparatos y dispositivos, permitiéndonos que nos digan cuánto trabajo estamos haciendo, qué tan rápido caminamos y cuánto peso estamos levantando.

Cualquier ejercicio ideal o método para mejorar la salud debe ser natural y sencillo, y posible de implementar en nuestra vida cotidiana sin mucho esfuerzo extra. No debe necesitar un lugar en particular o aparatos y dispositivos especiales. Hay muchas formas fáciles de mejorar la salud, que no requieren ser parte de un gimnasio o club de salud.

Empecemos con algo muy sencillo y cercano a nosotros.

Respiración abdominal

Los aspectos de salud están directamente relacionados con el qi, y la respiración es uno de los aspectos más importantes al tratar el qi. Hay muchas tradiciones que usan la respiración como una forma de promover la energía y la salud. Cada una tiene sus propios métodos especiales.

De todos estos métodos, la respiración abdominal es uno de los más directos, y es sencillo de practicar en la vida cotidiana. Cuando usted respira abdominalmente, su vientre se expande al inhalar y se contrae de nuevo al exhalar. Al iniciar la práctica de este método, puede poner las manos en su vientre para sentir tales movimientos. Si hace el ejercicio en forma correcta, al poner las dos palmas sobre los riñones (sobre la espalda, el espacio blando entre las costillas inferiores y la parte superior de la pelvis) mientras inhala, podrá sentir cómo son expandidos. (Esto es sólo un indicador para mostrar la efectividad del ejercicio —los beneficios para la salud no dependen de qué tanto pueda presionar sus riñones—). Luego de practicar por un tiempo, su patrón de respiración gradualmente se alarga: las inhalaciones y exhalaciones se hacen más profundas. Cuando se sienta cómodo con esto, puede introducir una pausa entre inhalación y exhalación, y prolongar el ciclo respiratorio. En principio esto puede requerir un poco de esfuerzo deliberado, pero no es algo que debe exagerar o forzar.

¿Por qué la respiración abdominal beneficia la salud? El movimiento horizontal del abdomen tiende a crear movimiento dentro de los órganos, especialmente en los riñones, el estómago y el hígado. A esto lo suelen llamar "masaje interno" o masaje para los órganos internos. El centro del abdomen es el centro de poder, la base de la energía. Trabajando en él, despertamos la energía y activamos el qi.

La respiración abdominal es sencilla y a su vez muy beneficiosa. Puede ser hecha en cualquier momento y durante el tiempo deseado. Gradualmente se convertirá en un patrón natural. Este método también puede ser usado para prevenir las enfermedades. Si se ve atrapado en medio de lluvia y viento, y cree que podría resfriarse, cálmese y haga el ejercicio de respiración. Si puede realizar el ejercicio por unos diez minutos, podrá evitar el amenazante resfriado o al menos reducir sus efectos.

Lavar platos y asear la casa

Desde la infancia, hemos sido programados para ver como "trabajo" el oficio de lavar los platos y asear la casa, y como "ejercicio" y "juego" a los deportes. Pero ambas actividades son movimiento. ¿Por qué las personas en el gimnasio no ven como trabajo lo que están haciendo? ¿Por qué no podemos tomar los oficios domésticos como ejercicio o juego?

Las actividades domésticas son un gran ejercicio. En vez de ir al gimnasio a ejercitarse un par de horas, la gente podría quedarse en casa y hacerlo en ella.

Esta también puede ser una práctica espiritual muy poderosa. Cuando esté lavando platos o vasos, trate de visualizar algo más: imagine que está limpiando su cuerpo. Mientras remueve polvo de la alfombra, está despejando su mente. Al lavar platos, el cuerpo es limpiado paso a paso. Mientras la casa es aseada, la mente y las emociones son purificadas.

Que el trabajo doméstico sea una molestia o un poderoso proceso de limpieza, está determinado por un simple cambio en nuestra forma de pensar. Este es un ejercicio especialmente bueno para los hombres, ya que la cocina a menudo es vista como territorio de mujeres. Entre más tiempo y energía emplee un hombre en la cocina, más energía se mezclará con la de la mujer que también pasa su tiempo ahí, y más contribuirá esto a la unión de sus energías masculina y femenina.

¡Este es un maravilloso ejercicio! Aseando la cocina y la casa automáticamente limpia el cuerpo, calma sus emociones y trae paz a la mente —y su pareja lo aprecia más—. Como resultado, esto mejorará su relación romántica.

Trabajar en el patio y el jardín

Trabajar en el patio o el jardín requiere más movimientos que los oficios domésticos, y consume o emplea más energía —pero se está en contacto con la tierra y la vida que hay en ella—. Esta conexión energizará su qi de inmediato. Cuando trabaje con la tierra y las plantas vivas, trate de visualizar cada una de éstas como una persona: de hecho, estará haciendo un tipo de danza especial con las plantas.

Quienes trabajan en una oficina muchas horas, no sólo se cansan físicamente, también quedan estresados en su parte emocional. Pero en el caso de personas que trabajan en un jardín, ni siquiera el cansancio físico se traduce en aflicción emocional. Por esta razón, es crucial tener una conexión con la tierra y las fuerzas vitales dentro de ella. Esto da buena forma a su cuerpo.

Un hermoso jardín o entorno, un cuerpo energizado y emociones tranquilas —cualquier ejercicio que produzca estas cosas es excelente—. Quienes viven en apartamentos, o no tienen patio o jardín, pueden cuidar de sus plantas de maceta, en especial las que requieren atenciones rutinarias tales como riego o cambio de maceta. Esto genera un mayor contacto con la tierra, lo cual es muy importante para quienes de otra manera están aislados de ella.

La respiración abdominal, lavar platos y asear la casa, y la jardinería: son actividades fáciles de implementar en la vida cotidiana. No requieren un esfuerzo especial. Éste proviene de ideas humanas, no de la ley natural.

Caminar, jugar y bailar

Caminar, jugar y bailar nos lleva más allá del ámbito de la vida cotidiana. Caminar es mucho mejor que trotar o correr: trotar puede involucrar un patrón de actividad más fijo, y de este modo puede tener la tendencia a cultivar la inflexibilidad en lugar de la flexibilidad. El ejercicio excesivo y fuerte tiende a crear una carga en el corazón, e incluso puede acelerar el proceso de envejecimiento. Si necesita más de un ejercicio cardiovascular, puede caminar rápido, escoger una ruta que requiera más esfuerzo o aumentar la distancia de la caminata.

Jugar también es maravilloso: ya sea que lo realice con un compañero, en grupos o con mascotas. En el juego, todas las partes del cuerpo físico son usadas de muchas formas, y siempre hay un elemento de flexibilidad y sorpresa. El juego es natural: todos los niños y animales juegan, y es el lenguaje por el cual se comunican. No hay razón para que los adultos no lo hagan. El juego es un proceso que une a las personas y la energía.

El baile, formal o informal, puede ser visto como un tipo especial de juego. Hay varias clases de baile, desde fáciles hasta muy arduos; sin embargo, todos tienen que ver con ritmos y patrones que pueden ser muy útiles al integrar energías mentales y físicas.

Al poner en práctica algunos de estos cuatro grupos de ejercicios, las personas tendrán una buena salud y una mejor condición física, además de tener una mayor capacidad para divertirse en forma individual o en grupo. Por lo general esto se considera suficiente. Por supuesto, hay quienes desean más. Cuando este es el caso, se pueden escoger deportes.

Los deportes son juegos organizados. Tienen beneficios sociales, como enseñar trabajo en equipo y coordinación, además de beneficios físicos y emocionales. Pero para propósitos de salud, se consideran secundarios al compararlos con las prácticas tales como el yoga, el Tai Chi y el Qi Gong.

No hay nada malo con hacer ejercicio en un gimnasio. Pero recuerde seguir la secuencia natural: de adentro hacia fuera, de inmediato a menos inmediato. Haga sus ejercicios

de respiración abdominal antes de cualquier actividad depor-
tiva. Y antes de ir al gimnasio, asegúrese de que los platos
estén limpios, y las plantas de maceta y el jardín estén saludables y bien cuidadas.

El ejercicio apropiado nos da la base para tener una
función física saludable. Pero, debido a que el cuerpo y la
mente son dos lados de una moneda, también nos lleva a
estados emocionales más equilibrados y sanos, que son
muy importantes para desarrollar y conservar relaciones
positivas. Cuando las emociones están desbalanceadas y
son malsanas, pueden ser perturbadoras y poco armoniosas, y fácilmente podrían conducirnos a problemas. Cuando
son sanas y equilibradas, es mucho más fácil trabajar con
ellas de manera consciente.

Relaciones significativas

"Él tiene un buen sentido del humor". "Él es amable y
bueno". "Él es digno de confianza". "Él es divertido". "Ella es
sensible". "Ella es fuerte y tiene una gran personalidad". "Ella
es tierna y comprensiva".

Además de la belleza y la ocupación, las anteriores son
las cualidades que hombres y mujeres a menudo citan
cuando describen a sus parejas o dicen por qué las escogie-
ron. La gente suele resumir esto como "buena química".

Sin embargo, el requisito previo fundamental continúa
siendo el equilibrio entre el corazón y la mente. Es importante que las personas se amen a sí mismas, tengan confianza en sí mismas y disfruten estar consigo mismas.

El amor no es sólo una caja de chocolates dulces y sabrosos. Para los seres humanos, hay miles de emociones fuera de los opuestos básicos de reír y llorar. La energía fluye en el mundo mental y emocional como lo hace en el mundo físico. La pregunta es cómo manejar este movimiento energético dentro de uno mismo.

Las emociones son un proceso psicológico fundamental: ocurren en muchos niveles y escalas. Algunas emociones, como la esperanza, la satisfacción y la alegría, permiten que la energía fluya libremente. Sin embargo, otras, como la culpa, el dolor o la ira, bloquean el flujo energético e incluso parecen debilitarnos agotando la energía. Estas energías desbalanceadas juegan un papel importante al impedir o perjudicar relaciones, y pueden tener efectos realmente destructivos.

Algunas emociones dañinas son simples; otras son más complejas. Tradicionalmente se dice que las emociones dañinas básicas, sin mezcla, son la ira, la manía, la preocupación, el dolor y el miedo. Combinadas con la dependencia, los malentendidos y las percepciones erróneas, se convierten en complejos sentimientos tales como la codicia, la arrogancia, la envidia, la malicia, el rencor, etc.

Estas emociones drenan la energía y bloquean su flujo, y por consiguiente afectan la salud y las relaciones. Para manejarlas hay que aceptar que son algo que debemos aprender a tratar y liberar.

El primer paso es estar consciente; el segundo es aceptar y reconocer; el tercero es poner atención y observar para analizar y entender. Esto podría ser mucho más fácil de decir que practicar. Sin embargo, si empezamos con el primer paso y seguimos adelante en forma gradual, no es tan difícil hacerlo. En un sentido real, llegamos a la conclusión que tales emociones son ilusiones: no tienen una esencia verdadera por sí solas, son simplemente conglomeraciones de reacciones. Cuando observamos ese enredo de sentimientos cada vez con mayor claridad, podemos desenredarlos simultáneamente, y así se disiparán como la niebla bajo el fuerte Sol.

Toda buena relación con otras personas comienza con uno mismo. Sólo cuando estamos equilibrados interiormente podemos tener relaciones armoniosas con los demás. *Para buscar un equilibrio externo de yin y yang, primero debemos tener un equilibrio interno de estos opuestos.* Sólo cuando podamos amarnos a nosotros mismos tendremos la capacidad de amar a nuestra pareja o a otras personas. Por lo tanto, es crucial que encontremos equilibrio y felicidad hacia el interior. Sin embargo, como dice La Biblia, venimos a este mundo con una carga de pecado; o, como afirman los budistas, llegamos al mundo a resolver nuestro karma. El desequilibrio viene junto con el nacimiento: una mente equilibrada no se desarrolla a un ritmo natural, ésta requiere de trabajo. Debemos enfrentar confusiones, y aprender a tratarlas con mayor efectividad cuando se distinguen con claridad.

A menudo, cuando las personas discuten, una le dice a la otra "no se enoje conmigo", y la otra responde gritando "¡no estoy enojado!". Este es un ejemplo de cómo con frecuencia la gente no es consciente de sus propios estados emocionales. Incluso cuando tal actitud es señalada, no es fácil de reconocer. Sólo cuando los individuos son conscientes de sus estados emocionales, y pueden reconocerlos, ponen atención a sus procesos de pensamiento. Haciendo esto, poco a poco nos damos cuenta de que tales estados emocionales no traen beneficios, pero sí muchos perjuicios. En ese momento, reconocemos la necesidad de liberarnos de los sentimientos perturbadores, uno por uno.

Las emociones fundamentales surgen como respuesta de los seis sentidos a la información externa. La información entra; la emoción sale. Las emociones no pueden ser escondidas, no es posible fingir que no están ahí. Muchas personas se enferman porque reciben mala energía y retienen su respuesta a la misma. Esto puede sembrar la semilla del cáncer u otras enfermedades. Las emociones deben tener un libre fluir; pero esto no es suficiente. Debe haber atención y reconocimiento. Sin estas dos características, sólo será una repetición, ya sea de retener o liberar. Tenemos emociones como la ira o el miedo por alguna razón. Con el reconocimiento, podemos ver estas causas y tratar nuestra relación con ellas.

En la visión budista, todo sufrimiento es producto de una dependencia negativa o deseo, que a su vez proviene de la ignorancia que nos impide ver la realidad de las cosas. La meta es ver a través del nudo de la ignorancia y la dependencia, y de este modo desatarlo. Incluso si no podemos discernir las situaciones que conducen al desequilibrio emocional, pero vemos con claridad tal desequilibrio, podemos empezar a tratarlo. Hay métodos para hacerlo, y no requieren del conocimiento de nivel superior que disuelve los problemas por completo.

Las emociones no sólo son psicológicas

El cuerpo y la mente están estrechamente relacionados. Los procesos mentales consumen energía, y fácilmente pueden tener efectos sobre la salud. La antigua obra médica clásica de la literatura china, *The Yellow Emperor's Classic of Internal Medicine*, escrito hace dos mil años, ya tenía mucha información sobre cómo la mente afecta el cuerpo.

Los problemas emocionales no son simplemente psicológicos —se derivan de la fisiología además de la psicología—. En otras palabras, no sólo provienen de la cabeza, también se originan en el resto del cuerpo. Una visita semanal al psicoterapeuta es una forma de tratar los problemas emocionales —pero no la única ni siempre la mejor, pues viendo a un psicoterapeuta puede ser ignorado un problema que surge de una causa fisiológica—. Por ejemplo, cuando alguien se irrita con facilidad, podría ser debido a una debilidad en lo que la medicina china llama sistema hepático. Por esta razón, cuidar este sistema puede ayudar a aliviar tales problemas. De la misma forma, quienes se sumergen en las preocupaciones pueden tener un problema relacionado con el sistema digestivo, y la clave podría ser trabajar con este sistema en lugar de fijarse en las preocupaciones mismas.

La medicina occidental, aunque ha dado más reconocimiento a la relación entre las emociones y la salud, aún se enfoca principalmente en el estado mental y emocional en general, sin considerar patrones de interrelación consistentes entre funciones corporales específicas y determinados tipos de emociones. La medicina china ha tenido en cuenta la relación entre las emociones y la salud durante miles de años, y ha asociado estados emocionales específicos con ciertas alteraciones de procesos corporales. Las cinco emociones negativas fundamentales (ira, manía, preocupación, dolor y miedo) tienen una relación muy interesante, la cual es ilustrada por la teoría de los cinco elementos. Ya que estas emociones corresponden a los elementos, pueden ser controladas de la misma forma que otras cosas asociadas a los mismos.

Como vemos en la tabla 6.1, cada uno de los elementos está ligado a una emoción, órgano y sonido en particular.

Elemento	Emoción	Órgano	Sonido
Madera	Ira	Hígado	Xu
Fuego	Manía	Corazón	Ke
Tierra	Preocupación	Bazo	Hu
Metal	Dolor	Pulmón	Si
Agua	Miedo	Riñón	Cui

Figura 6.1: Tabla de la teoría de los cinco elementos: elementos, emociones, órganos y sonidos

Si vemos cómo se transforman las emociones, la ira conduce a la manía, la manía a la preocupación, la preocupación al dolor, y éste al miedo, que de nuevo lleva a la ira. Esta relación fluye en el sentido de las manecillas del reloj alrededor del círculo, como se muestra en la figura 6.2. Las líneas discontinuas indican la relación controladora o restrictiva. Por ejemplo, la ira y la preocupación no coexisten; ser frenético y triste no coexiste, y así sucesivamente.

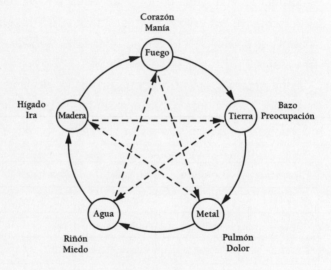

Figura 6.2: Transformación de los elementos y las emociones

Cosas en la misma categoría resuenan entre sí: por lo tanto, las emociones están ligadas a órganos. La ira afecta el hígado, que está a cargo del flujo de qi. Las alteraciones hepáticas pueden conducir a la irritabilidad, la preocupación interactúa con la digestión, el dolor con la respiración, y el miedo con las funciones renales. Cualquier técnica que afecte los órganos también puede afectar las emociones, y viceversa.

Los cinco sonidos curativos

La terapia de los cinco sonidos es un método sencillo de tratar las emociones y la salud, y ha sido usado en China durante siglos. Pronunciando cada uno de los cinco sonidos, podemos crear diferentes vibraciones que resuenan con órganos específicos y sus respectivas emociones. (Los sonidos escritos en la tabla 6.1 son deletreados en el sistema de escritura chino estándar con letras romanas. No siempre es fácil asociar la pronunciación con base en el deletreo, por eso veremos a continuación indicaciones detalladas sobre pronunciación).

Para suavizar el qi del hígado o calmar la ira, use el sonido "Xu". La parte vocal de este sonido es hecha con los labios redondeados mientras se trata de hacer el sonido "o". La "x" se pronuncia como un sonido "sh", pero con la lengua hacia adelante, cerca a los dientes. Por lo tanto sonará como "sho".

Para calmar estados frenéticos o sobreexcitados, use el sonido "Ke". Este se pronuncia como "ka".

Para eliminar preocupaciones y ayudar al sistema digestivo, use el sonido "Hu", que es muy similar al sonido de la sílaba "ju", pero con la vocal extendida. Este se pronunciará como "juu".

Para aliviar el dolor y mejorar la función pulmonar, utilice el sonido "Si", hecho con la boca abierta, similar al sonido de la palabra "ser" sin la "r" al final. Se pronuncia "se".

Para disipar el miedo y ayudar al sistema renal, use el sonido "Cui", pero empieza con "ts" en lugar de sólo el sonido de la "s". Por lo tanto se pronuncia "tsui".

Estos sonidos han sido utilizados en la tradición médica china durante miles de años, y han probado ser muy efectivos. (En la tradición taoísta se usa un sonido adicional, "Xi", que rima con "shi". El sonido de "sh" se parece más al "chi", y se pronuncia de tal manera).

Para tratar una emoción particular, puede escoger el correspondiente sonido y repetirlo treinta y seis veces. Para tener un mejoramiento y equilibrio energético general, practíquelos todos en secuencia, pronunciando cada uno seis veces.

Esto puede parecer muy simple, pero funciona y ha funcionado durante miles de años. Muchos encuentran que el mejor momento para hacer esto es mientras toman una ducha. Ya que el agua es una sustancia sagrada, y un buen medio, crea una resonancia. Esto no requiere mucho esfuerzo, y produce excelentes resultados que serán evidentes en pocas semanas. Los efectivos procesos naturales siempre son sencillos y están a la mano.

Las parejas pueden usar estos sonidos para ayudar a equilibrar la relación y aumentar la empatía. Después de practicar todos los sonidos varias veces, se creará un sentimiento especial.

Emociones en la relación

En una relación romántica es importante confrontar las emociones propias y *las* de la pareja, como parte del manejo de la relación.

Esto no es complicado. Cuando su pareja esté enojada, es mejor no enfrentar la emoción, no responder a la ira con ira. Si el enojo no tiene base real, no durará mucho tiempo, se disipará mientras es consumida la energía que sustenta la ira. Cuando ésta desaparezca, podrá tratar el asunto. Si tiene una base real, esté de acuerdo con la emoción. Diga algo como, "sé que tienes una buena razón para estar enojado (a)". Esto no es un juego diplomático. Usted no puede esconderse detrás de un sentimiento falso.

Estar de acuerdo con la ira, apresura el proceso de la misma, y ayuda a que la emoción atraviese las etapas que debe pasar. Si usa la ira para contrarrestar ira, sólo perpetuará la emoción: persistirá, e incluso echará raíces. Si permite que fluya, desaparecerá. Déle tiempo y espacio para que siga su proceso. No la retenga ni obstruya; no trate de acelerarla. Guíela sin forzarla. Esta es la mejor forma de resolver el problema y regresar a un estado armonioso.

Es importante tener en cuenta que después de todo el alma es pura. Como dice un practicante de Zen (filosofía japonesa), "el cuerpo es un árbol de sabiduría; la mente es un espejo". La naturaleza original siempre es clara y brillante. Las energías negativas pasan a través de nosotros, no son parte de nuestro ser.

Somos lo que pensamos. Diez mil dharmas* se manifiestan desde el pensamiento; diez mil problemas también se manifiestan desde el pensamiento.

---

* Término sánscrito que designa varios conceptos esenciales de la civilización hindú: ley, derecho, deber, bien, virtud, etc.

Los procesos mentales crean y perpetúan el sufrimiento. Consideremos el estrés como ejemplo. Es un producto del ritmo acelerado de la vida moderna. Pero cuando se convierte en un foco de preocupación pública, le damos más importancia y legitimidad. Los programas de tratamiento del estrés le dan más fuerza de la necesaria y lo hacen parecer normal. Un pequeño problema puede tomar mayores proporciones si es alimentado por "tratamientos". Por ejemplo, en la actualidad necesitamos "atacar" el estrés para aliviarlo, lo cual causa más estrés. Este enfoque a menudo es contraproducente.

Al igual que con otros problemas emocionales, es mejor no atacar o contrarrestar la emoción directamente, sino ser consciente de ella y verla con claridad. Cuando vemos sus componentes, y cuáles son las circunstancias que lo originan, nos damos cuenta de que no tiene una base sólida. Si somos conscientes de la emoción que nos perturba, ésta se disipará.

Para crear buenas relaciones, reaccione a los sentimientos positivos de su pareja. Concéntrese en lo positivo; deje que los sentimientos negativos pasen y desaparezcan. Si las cosas no se solucionan, examínese a sí mismo antes de tratar de analizar a su pareja.

Recuerde, en la teoría del yin-yang, estos opuestos van juntos. Si reconocemos que el problema es yin y la solución es yang, podemos ver que cuando hay un problema, hay una forma de resolverlo. Una solución natural siempre es fácil y está disponible.

Nunca guarde rencores como armas para una futura venganza: con eso sólo consume y degrada su propia energía.

En tiempos antiguos, la mayoría de matrimonios eran arreglados por las familias. Esos matrimonios a menudo funcionaban mucho mejor que las parejas modernas. ¿Existe un problema social? ¿Con el compañero (a)? ¿O con uno mismo?

Los diamantes no son eternos: el qi sí lo es

El cuerpo y las emociones son manifestaciones del qi. Tratar las cosas a nivel del cuerpo y las emociones es más limitado que tratarlas a nivel del qi. Para manejar situaciones desde un nivel superior, es necesario entrar a un estado más simple del ser, uno en el que ya existen la armonía y el equilibrio, y guía a los niveles "inferiores" a entrar por sí mismos en armonía. Cuando el qi es abundante, los aspectos inferiores suceden natural y efectivamente. Por ejemplo, cuando tenemos mucha energía, es menos probable que estemos cansados o frustrados, y podemos espontánea y eficazmente tratar las dificultades cuando surgen. Al tener menos energía, puede ser difícil solucionar problemas menores, y es posible que amplifiquemos un estado general de desorganización. Aunque hay técnicas específicas para manejar la conducta y el comportamiento, son innecesarias y complicadas si podemos simplemente aumentar nuestro nivel de energía, tal vez con sólo descansar más. Desde este punto de vista, las técnicas más específicas son como remedios para tratar desequilibrios temporales, pero no son soluciones fundamentales.

Muchas personas, al confrontar problemas emocionales, experimentan con meditación o técnicas similares como una forma de obtener respuestas. Esto es muy bueno, pero la gente a menudo se desanima incluso antes de intentar la meditación porque parece un proceso muy largo y complicado. Pero no es así.

La meditación está directamente relacionada con el qi. Éste y la mente están estrechamente ligados. De la misma forma en que el qi se manifiesta como procesos o eventos físicos, la mente, especialmente la intención, se manifiesta como eventos a nivel del qi. Hay muchos ejercicios que se relacionan en forma directa con esta energía vital, como el Tai Chi Chuan (el ejercicio del Tai Chi), diversos sistemas de Qi Gong y algunos tipos de meditación. Estos pueden ser muy valiosos si son estudiados con un maestro calificado, pero difíciles de aprender a partir de libros. Sin embargo, hay un método sencillo de meditación que puede ser asimilado con facilidad, y ayuda a desarrollar manifestaciones balanceadas del qi.

La meditación de quince minutos

Hay una experiencia muy común que las personas comparten cuando por primera vez empiezan a meditar: al tratar de estabilizar y calmar la mente, parece que ésta se torna más confusa. Por otra parte, cuando tratan de evitar el control de la mente, ésta continúa divagando. Poner atención al patrón de respiración básico, puede acortar o eliminar esta divagación. Hay muchas sugerencias en cuanto a cómo hacerlo, pero la siguiente es una de las más efectivas.

Empiece sentándose cómodamente, ya sea en una silla o con los pies cruzados en el piso. Deje que su cuerpo naturalmente quede erguido, con la coronilla de la cabeza apuntando hacia arriba y el cuello derecho. Ponga sus manos, una sobre la otra, frente al vientre o cubriéndolo, o simplemente póngalas sobre las piernas; escoja lo que sienta más cómodo.

Concéntrese en espirar. No piense en inhalar: sólo sea consciente de exhalar. Pronto se sentirá más tranquilo y relajado; su respiración será más lenta y sosegada.

Luego, mientras sigue consciente del proceso de exhalación, deje que su conciencia profundice, fluya hacia abajo, como si estuviera penetrando el abdomen.

Mientras continúa, sentirá que la exhalación se profundiza más, y su conciencia penetra más profundamente con ella, hasta sentir que exhala no sólo del pecho y el abdomen, sino también de las piernas y abajo en el suelo. Su respiración será aun más lenta y sosegada. Finalmente, sentirá que está exhalando a través del vientre, las piernas, los brazos y todo el cuerpo. Éste empezará a sentir una expansión y contracción con cada exhalación e inhalación. Mientras su conciencia sigue esta sensación de expansión y contracción, la mente naturalmente se estabilizará y dejará de divagar. Usted experimentará una oleada de energía que llena y calienta su cuerpo; este es el comienzo del estado meditativo.

Esta es una de las formas más efectivas de entrar en un estado meditativo. Una sesión de quince minutos es mejor, pero incluso si sólo puede dedicarle unos cinco o diez minutos, puede practicar este método. Se conectará con su ser interior y el universo. Este estado de tranquilidad es la base para cualquier práctica que busque un estado superior de sabiduría.

El ejercicio es muy simple; no es un desafío. Esta conexión con la energía del universo puede brindarle lo que necesita para apoyar un cuerpo saludable, emociones equilibradas y una mente sólida. Con práctica constante, descubrirá que se encuentra bien, que todos los que lo rodean son encantadores, y que la relación con su pareja se ha estimulado.

Cuerpo, mente y qi son tres aspectos estrechamente relacionados de la existencia humana. En cualquier actividad, dentro de nosotros mismos o en relaciones, son factores cruciales. Un cuerpo saludable, una mente tranquila y abundante qi crean una base equilibrada para cualquier interacción romántica.

7

Comida y amor

De las tres necesidades humanas más básicas —comida, vestido y vivienda—, la comida puede ser la más importante. La gente requiere alimento para muchas cosas: supervivencia básica, salud y fuerza, e incluso compensación para diversos problemas de la vida. Tan pronto como sobrepasamos el mínimo necesario para sobrevivir, el tipo de comida que ingerimos varía enormemente, reflejando la gran variedad de características humanas en cultura, medio ambiente y religión.

Cada vez que hablamos de amor y romance, de las relaciones entre energías yin y yang, siempre tenemos que remontarnos a los conceptos fundamentales de un cuerpo saludable y una mente equilibrada. La comida juega un papel importante en nuestra salud y las emociones. Al tratar el amor, no podemos ignorar el poder de los alimentos.

Hay personas que dicen "somos lo que comemos". Es cierto que el tipo y la calidad de la comida que la gente consume caracterizan sus vidas; sin embargo, también es cierto que el tipo y la calidad de los alimentos disponibles al público son controlados por sus comunidades, y reflejan diferentes enfoques de la vida. Lo que comemos, y la forma en que preparamos la comida, tiene una estrecha relación con otros aspectos y actividades de nuestra vida. La comida no sólo afecta la salud y las emociones, también refleja nuestros valores y gustos.

Diferentes culturas y religiones han desarrollado amplias variedades de comidas, y éstas han cambiado con el tiempo. La comida es muy importante de toda cultura, y también juega un papel fundamental en el disfrute de la vida.

Los alimentos no son sólo productos químicos

Dicen que la comida saludable forma una mente y un cuerpo sanos. Pero, ¿qué es realmente una comida saludable? ¿Qué hace que una dieta sea saludable y balanceada?

Antes de responder estas preguntas, debemos reexaminar las ideas de la ciencia nutricional moderna acerca de los componentes de la comida. La ciencia nutricional moderna tiende a clasificar los alimentos en cinco categorías: carbohidratos, proteínas, grasas, vitaminas y minerales. Todos son cruciales para una buena salud. Una dieta adecuada que conste de proporciones balanceadas de estos nutrientes, se supone que es suficiente para tener buena salud. Pero las personas no son como los automóviles, capaces de funcionar con lo que sea puesto a través de un tubo, siempre y cuando sea químicamente correcto. ¿Son los alimentos sólo nutrientes químicos que pueden ser analizados? ¿O hay algo más —algo que podemos ver si consideramos el asunto desde un punto de vista diferente—? Y, aun más, ¿hay una norma universal para decidir qué tipo de comida es saludable y qué clase de dieta es balanceada?

Hay un gran número de variables que afectan la relación entre comida y salud, entre ellas se encuentran la edad, la región, las estaciones climatológicas, el trabajo o profesión, y la fuente de la comida. Entonces, parece que no es posible establecer una norma universal que funcione para todos en cualquier situación, ni es científicamente válido hacerlo. Algunas personas pocas veces consumen verduras y frutas, pero se alimentan de carne y productos lácteos; otras casi nunca comen carne u otros productos animales, e ingieren sólo verduras.

Los nutricionistas modernos recalcan la importancia de comer abundantes frutas y verduras, y su aceptación como parte necesaria de una buena dieta. Sin embargo, hay lugares en el mundo donde las verduras no están disponibles. ¿Está desbalanceada la dieta de quienes viven en tales sitios? Las personas se benefician cuando consumen la comida de su región. Por ejemplo, hace años, los habitantes de Mongolia casi nunca comían verduras porque no eran fácilmente disponibles, y consumían yogur y té para suplementar su dieta de carne. Debido a que los sabores de los alimentos que consumían eran balanceados y derivados de su propia región, pudieron conservar la salud y fortaleza.

Entonces, ¿qué podemos usar como guía para seleccionar los tipos de alimentos correctos para tener buena salud y amor? Lo primero es aceptar las tradiciones y la cultura de la región en la que vivimos. Las dietas locales tradicionales nos dan pautas para los tipos de comida que han funcionado para quienes habitan un lugar en particular y han tenido una determinada forma de vida durante mucho tiempo.

La manera tradicional de ver la comida en China se desarrolló en un ambiente especial debido al enorme y variado territorio de ese país y las diversas formas de vida seguidas por quienes viven en distintas regiones. Cada área, cada modo de vida, desarrolló alimentos que eran apropiados en esa determinada condición —pero la tradición china médica y científica en general observó estas diferencias y trató de explicarlas en términos de enfoques tradicionales basados en la naturaleza—.

El enfoque chino tradicional de la comida se concentra en algo más que sólo nutrientes: tiene en cuenta el color, la textura, el sabor y el olor. Estas características son vistas como cualidades energéticas. Cada una de ellas transmite un tipo especial de energía o qi. A fin de cuentas, la comida es una forma de energía que se manifiesta de muchas formas. Esta energía puede ser analizada desde el punto de vista de la composición química (y calórica), el color, la forma física, el sabor y el olor, como se muestra en la figura 7.1.

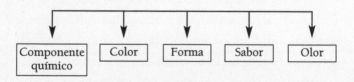

Figura 7.1: Energía de la comida

Por ejemplo, consideremos los diferentes tipos de apio.
Uno es pequeño pero tiene un fuerte olor. Otro es mucho
más grande y suave. El tipo más grande puede tener más
volumen y tal vez más calorías que el pequeño —pero este
último tiene un efecto energético más intenso—.

Las hierbas y los alimentos también tienen un tipo particular de memoria, relacionado con la forma en que han
sido procesados o preparados. Veamos el ejemplo del ginseng. Si cortamos en tajos la raíz, la molemos y usamos el
polvo para hacer una bebida caliente, tendrá un determinado efecto; si cocemos la raíz entera y tomamos el caldo,
tendrá un efecto diferente. Las diversas formas en que la
bebida es preparada, tienen efectos distintos porque dichas
formas contienen la energía de la materia de la cual fueron
preparadas, además de la energía de la materia original. Esto
es lo que sucede con las medicinas homeopáticas, las cuales
están tan diluidas que, incluso teóricamente, ninguna molé-
cula del producto químico original está presente. No obstante, la medicina es efectiva debido a que la energía e información aún yacen en la solución.

Algunos métodos recientes de cultivo de alimentos que
dependen de la tecnología química moderna, se enfocan en
aumentar el tamaño y la cantidad, reduciendo el ciclo de
producción, pero no tienen en cuenta los factores energéticos (qi). El resultado es que puede haber más comida
en términos de cantidad, pero no un aumento en la energía
total suministrada. Quienes consumen esos alimentos aparentemente están bien nutridos, pero les hace falta energía.
Esto se debe a que hay un desequilibrio entre la asimilación

de nutrientes químicos (en términos calóricos y nutricionales) y nutrientes energéticos (en términos de qi).

Sabores y los cinco elementos

En la China tradicional, los alimentos eran clasificados en términos de yin y yang, de acuerdo a los cinco elementos y en relación a los meridianos energéticos particulares del cuerpo humano que afectaban. Con ese enfoque, una dieta balanceada debe involucrar energías balanceadas.

El color y el sabor también tienen interrelaciones: cada uno afecta a los otros y a determinados órganos. Estas relaciones pueden ser entendidas usando el modelo de la teoría de los cinco elementos, mostrado en la tabla 7.2.

Elemento	Sabor	Color	Órganos
Madera	Agrio	Verde	Hígado y vesícula biliar
Fuego	Amargo	Rojo	Corazón / intestino delgado
Tierra	Dulce	Amarillo	Bazo y estómago
Metal	Picante	Blanco	Pulmones / intestino grueso
Agua	Salado	Negro	Riñones y vejiga

Tabla 7.2: Los cinco elementos y sus relaciones

Como podemos ver en la tabla, cada uno de los cinco elementos está relacionado con uno de los sabores: agrio, amargo, dulce, picante y salado. Una dieta balanceada se basa en el equilibrio de sabores. El dulce (tierra) es el sabor central, ya que tierra es el elemento central, y de este modo la dulzura es el factor dominante o central en todas las comidas. La clave es ajustar los otros sabores (salado, amargo, picante y agrio) alrededor del dulce central.

El equilibrio de los cinco sabores a menudo proviene del deseo natural. Después del ejercicio vigoroso, atletas u otras personas que realizan trabajos físicos, a menudo prefieren la comida un poco salada. Las mujeres embarazadas suelen desear alimentos agrios, sin saber explícitamente que el agrio, siendo un sabor relacionado con el elemento madera, ayuda en los procesos de crecimiento del embarazo. En clima frío, las comidas especiadas o picantes saben especialmente bien.

Estas preferencias son respuestas corporales naturales. Quienes realizan trabajos físicos tal vez no saben que necesitan reponer la sal perdida en el sudor, y las mujeres embarazadas pueden no saber que desean comida agria debido a su importancia para el proceso de crecimiento; sus cuerpos originan el deseo. El impulso natural de balancear sabores no requiere aprendizaje; tiene relación directa con necesidades fisiológicas.

Hace miles de años, la teoría médica china también estableció las relaciones entre los cinco sabores y varios órganos internos. Por ejemplo, el agrio está relacionado con el hígado y la vesícula biliar, el amargo con el corazón y el intestino delgado, el dulce con el estómago y el bazo, el picante con los pulmones y el intestino grueso, y el salado con los riñones y la vejiga.

En China, la comida siempre es considerada una forma de medicina. El primer paso para ajustar desequilibrios fisiológicos e incluso psicológicos, es equilibrar la dieta. Para lograrlo, debemos saber cómo interactúan los sabores con las funciones fisiológicas y psicológicas —algo que la teoría de los cinco elementos nos ayuda a comprender—.

¿Se ha mordido la lengua mientras come? Esto no sucede porque usted sea una persona nerviosa o coma rápidamente, sino porque tiene una función cardiaca demasiado activa. Si adiciona sabor amargo comiendo nabo crudo, o melón amargo frito, podrá ajustar esta irregularidad (ya que lo amargo está relacionado con el corazón).

La teoría de los cinco elementos también sugiere que consumir alimentos demasiado salados aumenta la carga en los riñones y puede perjudicarlos (porque el sabor salado se relaciona con los riñones). Al igual, quienes tienen problemas hepáticos deben evitar comida muy picante; personas con problemas cardiacos deben evitar la sal; quienes sufren del bazo deben evitar lo agrio; personas con problemas pulmonares deben evitar lo amargo; y quienes padecen problemas renales deben evitar el exceso de dulce. Esto se debe a que cada elemento tiene un elemento que controla, y también tiene uno que lo controla, como es mostrado en la figura 7.3.

Es difícil cuantificar el equilibrio de sabores. Pero una vez que reconocemos que estas relaciones pueden existir,

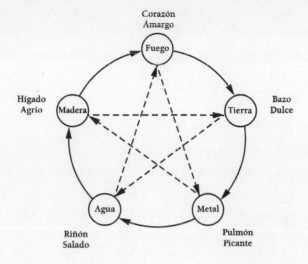

Figura 7.3: Relaciones entre los cinco elementos, órganos y sabores

empezamos a aprender de la propia experiencia cómo existen en nuestra vida y en la de personas que conocemos.

El color, el olor y la forma también están relacionados con los cinco elementos. Cada juego de cualidades actúa con los otros, como lo hacen los sabores básicos. Todos estos factores también tienen sus relaciones internas.

Es importante recordar que la clasificación de sabores, colores, olores y formas en términos de las cinco categorías elementales, está asociada a los cinco tipos de energía y las relaciones entre ellos mismos. El modelo de los elementos hace posible que comprendamos un proceso abstracto en términos concretos, de tal forma que pueda ser usado en la vida cotidiana.

Habiendo analizado brevemente la comida de acuerdo a la ciencia china tradicional, podemos regresar a nuestra pregunta original: ¿cómo seleccionamos los alimentos que son apropiados para nosotros y nuestras relaciones románticas?

Escoger la comida apropiada

Aún cuando no se tenga un profundo conocimiento sobre la teoría de la comida, hay reglas básicas a seguir desde un punto de vista energético, que nos permitirán seleccionar alimentos en forma más adecuada para mejorar la salud.

Primero, en lo posible consuma alimentos cultivados en su localidad. Cualquier alimento que sea tradicional y local ha sido usado por una razón. Los efectos de la región han influenciado la elección de alimentos, y es bueno tenerlo en cuenta. El alimento que se cultiva en determinado lugar vibra con la energía del mismo y de las personas que viven ahí. De este modo, si usted habita un área que produce abundantes frutas, consúmalas; si vive en un lugar donde crece la cebada, coma cebada.

Segundo, consuma alimento estacional. Existe una razón por la cual los alimentos se cosechan en cierta época del año. La sandía crece en el verano porque disipa el calor. Los productos cosechados en el otoño suministran la energía extra necesaria para pasar el invierno. En el mundo moderno, con el transporte rápido que acorta distancias, a menudo lo que comemos proviene de lugares situados a miles de millas, donde incluso las estaciones son diferentes. La tecnología de almacenamiento actual nos permite tener casi todos los alimentos en cualquier estación. Pero esta conveniencia nos hace olvidar las energías de tiempo y espacio que nos forman.

Tercero, consuma la mayor variedad posible. El énfasis moderno en la eficiencia y productividad ha guiado a la dominación de la agricultura en masa. Los supermercados parecen estar llenos, pero tienen los mismos alimentos en todas partes. Las variedades locales no se encuentran. Si usted tiene un poco de espacio en el patio, siembre un huerto y cultive lo que es difícil de hallar en la tienda de comestibles.

Cuarto, en lo posible consuma comida fresca. La frescura no sólo es un asunto de sabor y valor nutricional, también tiene que ver con el valor energético. Éste disminuye en proporción al tiempo que el alimento es almacenado. El maíz recién cosechado tiene un sabor muy diferente y mucho más dulce que el maíz procesado y almacenado. El sabor de las frutas congeladas difiere mucho del de las frutas recién cogidas. Cualquiera que haya comido toronja madura fresca conoce la diferencia entre ésta y el tipo de toronja usualmente disponible en supermercados.

Si sigue las anteriores reglas, es más probable que su dieta sea saludable. Por lo tanto, entre más sano esté, más podrá disfrutar sus relaciones románticas.

Comer bien

Además de escoger apropiadamente los alimentos, también es importante consumirlos bien. Algunas pautas sencillas pueden ayudarnos a entender lo que esto significa.

Primero, escuche su estómago y su cuerpo —antes de escuchar a los expertos— al escoger la comida. Nuestro cuerpo constantemente nos dice lo que necesitamos. Cuando sentimos frío, nos comunica que debemos abrigarnos más; cuando tenemos sed, nos dice que necesitamos beber más agua. Cuando estamos cansados y necesitamos descanso, los párpados se cierran. De igual manera, el estómago nos indica cuándo comer, qué tanto y cuándo detenernos. Cuando desee con ansias un tipo particular de alimento o sabor, quizás tendrá una verdadera necesidad del mismo. Sin embargo, tenemos la tendencia a ignorar esta clase de información, *prefiriendo escuchar sugerencias externas*.

Segundo, disfrute realmente su comida. Tome su tiempo y coma con conciencia. Comer es más que realimentarse. Si come muy rápido, cuando se sienta lleno ya habrá ingerido demasiado —y esto anula los sentimientos románticos—. (¡Quienes comen de prisa probablemente también hacen el amor de igual forma!). La manera en que comemos y nuestro estado emocional al hacerlo, tiene un efecto directo en cómo el alimento es digerido y usado. En la actualidad, las personas tienen un ritmo de vida tan agitado, que consideran a la comida como sólo una fuente de calorías. Incluso suelen comer mientras conducen. Los sitios y restaurantes de comida rápida actúan como una máquina de alimentación; son como una estación de gasolina para humanos.

Tercero, no coma cuando esté enojado, estresado o desbalanceado energéticamente. Su cuerpo podría procesar los productos químicos, pero no la energía de los alimentos.

Cuarto, en lo posible trate de consumir comida casera. El proceso de preparar la comida marca una diferencia en la energía de la misma. La comida hecha en casa transmite un tipo de energía muy diferente al de los alimentos preparados comercialmente. Un suéter tejido por su madre se siente mejor que uno comprado en el almacén; lo mismo se aplica a la comida. Se dice que una sopa de pollo preparada por la abuelita es la mejor medicina para el resfriado. No es sólo la sopa: es el amor con que es preparado le adiciona una energía especial.

Quinto, coma cuando tenga hambre y beba cuando tenga sed, pero nunca hasta quedar lleno. Estamos muy dominados por hábitos y costumbres que nos hacen comer alimentos establecidos en horas fijas, ya sea que los necesitemos (o queramos) o no. Digerir la comida extra requiere más energía. Por esta razón, cuando el estómago está demasiado lleno, nos da sueño. Toda la energía se ocupa de la digestión. Es mejor comer menos con mayor frecuencia, que consumir mucho en una sola comida. Cuando tiene mucha hambre, puede perjudicar su qi; si está muy lleno, puede perjudicar la respiración. Nunca se acueste a dormir con el estómago lleno; esto puede guiar a un exceso de mucosidad, lo cual dificultaría la respiración.

Sexto, mantenga siempre un equilibrio. No coma demasiado de una cosa, sin importar qué tan buena sea. El exceso puede tornar algo bueno en malo.

Aunque es importante disfrutar la comida, es necesario recordar que el propósito básico de los alimentos es brindar salud y fuerza. El placer, aunque es también importante, es un beneficio adicional.

Evite el primer error

Los errores usualmente vienen en pares. Cuando cometemos uno, a menudo volvemos a fallar, aunque puede no ser claro que el segundo error proviene del primero.

Cuando las personas se desvían de los patrones alimenticios buenos y tradicionales, desarrollan diversos trastornos. Para contrarrestarlos, surgen remedios que a menudo son la fuente de nuevos problemas. Pero si no se hubiera cometido la primera equivocación, no habría habido necesidad de los remedios y sus consecuencias. En lugar de tratar de hallar la combinación correcta de remedios, debemos consumir los alimentos apropiados del sitio adecuado a la hora indicada.

Por ejemplo, si ha estado comiendo demasiado, puede decidir ponerse a dieta. Pero la dieta misma puede causar problemas e incluso conducir al trastorno alimenticio que ahora conocemos como bulimia.

Los programas dietéticos no son el camino hacia el romance

Las consecuencias de no seguir una dieta natural incluyen problemas tales como trastornos alimenticios y obesidad entre otros. En países desarrollados, como en los Estados Unidos, muchos se obsesionan por hacer que sus cuerpos tengan la "forma" apropiada. En realidad, la obesidad contribuye a más de la mitad de los problemas de salud modernos. Y esto conduce al constante invento de nuevos programas dietéticos, que a menudo se contradicen entre sí por completo. Un experto recomienda seguir una dieta alta en proteínas; otro recomienda una dieta de carbohidratos. Los dos venden miles de libros e incluso pueden ayudar a algunas personas. Pero, no es posible elegir a un experto popular y esperar un beneficio garantizado.

La obesidad en las personas es debido a diferentes razones; ningún programa provee una solución universal. En lugar de entregarse a las dietas, el individuo con sobrepeso debe comprender la causa de su problema.

¿Por qué se da el sobrepeso? Por comer demasiado y hacer poco ejercicio. ¿Por qué las personas comen en exceso? ¿Por qué no hacen ejercicio con regularidad? Podrían comer excesivamente por razones emocionales, como una forma de manejar la ansiedad. Quienes sufren de depresión pueden comer más para llenar una sensación de vacío. No sólo la ansiedad puede originar una alimentación desbalanceada, ésta también puede causar ansiedad y otras aflicciones. Y entre más sobrepeso tenga una persona, menos energía tendrá, lo cual hace más difícil el ejercicio.

Otras sociedades tradicionales también han experimentado ansiedad, pero sin estar sujetas a las presiones de la vida moderna que distorsionan otros aspectos de los ritmos y patrones naturales. La causa de gran parte del problema de comer en exceso y la falta de ejercicio, es nuestra situación general, caracterizada por la alteración masiva de estos ritmos y patrones naturales.

¿Son los suplementos nutricionales la respuesta?

En la actualidad, mientras los bienes materiales son cada vez más abundantes, los suplementos nutricionales han surgido como un producto novedoso. Hay más de quince mil suplementos en el mercado, supuestamente en respuesta a deficiencias nutricionales o la necesidad de estimular energía. Irónicamente, esto ha ocurrido en una época en que la producción de comida parece más abundante que nunca antes.

¿En realidad necesitamos estos suplementos? Si decimos "sí", entonces surgen muchos interrogantes. ¿Qué suplementos funcionan? ¿Qué tipos necesitamos? ¿Cuáles son las cantidades apropiadas de cada persona? ¿Cuáles son los posibles efectos secundarios o conflictos entre diferentes suplementos? ¿Cuál es la combinación ideal para las necesidades de una persona específica?

Cada fabricante afirmará que sus productos no sólo son efectivos, sino también necesarios, pero ninguno puede asegurarle si usted necesita o no un determinado producto. Mucho depende de aspectos individuales: condiciones de salud, estilo de vida, edad, etc.

La forma natural es la sencilla. Siempre que mantenga una dieta balanceada y siga las reglas sencillas que hemos sugerido, no tendrá que buscar suplementos nutricionales. No complique su vida más de lo necesario; quizás ya está complicada lo suficiente.

Cuando se enfrente a un problema, encuentre la solución fundamental buscando en la fuente del problema. No busque remedios que sólo crearán problemas secundarios mientras trata de arreglar el original.

Comida a luz de vela

Las culturas a lo largo de la historia han estado interesadas en la capacidad de la comida para aumentar la energía sexual. Los alimentos afrodisíacos, desde comunes a exóticos, existen en muchas sociedades y tradiciones.

Es cierto que algunos alimentos tienden a promover el ambiente romántico y la energía sexual. Los afrodisíacos comúnmente conocidos incluyen la comida de mar como los mariscos, langostas, ostras, almejas, cohombro de mar, caviar y aletas de tiburón. También hay alimentos de tierra tales como la carne de venado y cordero, y huevos de toda clase; vegetales tales como los cebollinos chinos, apio, albahaca, ajo, culantro, cebollas verdes y jengibre; nueces como las del nogal y los anacardos; y frutas como los dátiles, higos y mangos. La miel también es efectiva, al igual que especias como el anís y las hojas de laurel. Todos estos productos son fáciles de conseguir. También hay vegetales más medicinales como el ginseng, semillas de loto, bayas de liceo, etc. En la medicina china tradicional, hay mucha información disponible sobre alimentos afrodisíacos, pero estamos simplificando las cosas viendo principalmente alimentos que son comunes y se encuentran disponibles en el mercado.

Los ingredientes son importantes, pero la preparación puede marcar la diferencia. La cocina china clasifica el proceso de preparación en términos de yin y yang. El freído profundo, asar y cocer al horno son considerados procesos yang; cocer al vapor, estofar y la cocción lenta son procesos yin. Para maximizar los efectos de los ingredientes, es mejor prepararlos usando procesos yin. El freído profundo y otros procesos yang deben ser utilizados con restricción. El camarón bien frito es menos potente que el salteado en vino.

Las mezclas de alimentos también son importantes. Las combinaciones correctas pueden realzar sinérgicamente el humor y la energía. Anacardos freídos con camarón, ostras crudas, cebollinos chinos cocidos con huevos revueltos, estofado de cordero, cebolla verde con carne de res (tal vez con salsa de ostra), apio con carne de cerdo magra, albahaca con carne de cerdo magra cocida a fuego lento en vino, langosta freída con jengibre, pollo estofado con ginseng —son ejemplos de los tipos de comidas que se pueden preparar en casa fácilmente—.

El chocolate es considerado un alimento muy romántico. El queso también es sorprendentemente efectivo. Las personas que consumen queso por lo general tienen más energía sexual que quienes no lo comen, manteniendo igual el resto de los alimentos.

Una infusión de bayas de liceo en jerez o whisky, puede ser muy efectiva —pero las bayas también pueden ser puestas en sopas, por ejemplo de pollo o pato, obteniendo buenos efectos—. Tradicionalmente se decía que los hombres que iban a estar lejos de casa por un largo período de tiempo, debían evitar comer bayas de liceo para no tener un inadecuado deseo sexual.

A pesar de lo interesantes que puedan ser estas recetas, no debe darles demasiada importancia. Siempre que tenga una dieta balanceada y buena salud, es posible que no necesite el estímulo extra proveído por tales comidas. La mejor fuente de energía sexual es un cuerpo sano.

Cena romántica

Lo romántico de la cena tiene que ver más con el ambiente que con la comida misma. Ésta es sólo un vehículo para adicionar al ambiente. En la cena romántica, es mejor comer poco. La comida debe ser un medio para intercambiar energía, y no el foco de ésta.

No sirva grandes filetes, langostas enormes u otros alimentos por el estilo para impresionar a su pareja. Si comen demasiado, será muy fácil que se olviden de lo romántico —y se queden dormidos—. Una comida alta en grasas tiende a reducir el deseo sexual.

Es importante estar en un lugar que tenga un equilibrio dinámico de yin y yang para crear un ritmo. Por esta razón, es bueno cambiar de ambientes para crear variedad. Por ejemplo, podría cenar en un lugar y consumir el postre o las bebidas en otro. Esto puede brindar una mezcla de formal e informal, además de público y privado. Esto traslada la atención de la comida a la relación, que se prolonga durante todas las fases y ambientes, e incita una sensación de extensión y expansión.

Cuando las personas no se conocen bien, un ambiente un poco más yang puede ser mejor al comienzo; a medida que la relación se profundiza, es más apropiado un ambiente yin. Las características yang incluyen mesas redondas, luces brillantes y colores más vivos, y espacios más abiertos; las características yin incluyen mesas cuadradas, luces y colores más opacos, y espacios más cerrados.

Ideas finales acerca de la comida

La comida afecta nuestra salud y comportamiento. Pero hay mucho más a tener en cuenta. Ya que pasamos bastante tiempo consiguiendo, preparando y disfrutando los alimentos, la comida puede ser un gran medio para establecer o mejorar una relación romántica. Por esta razón, cuando pensamos en comida y romance, es importante abarcar todo el proceso con los alimentos.

Cualquier parte del proceso de obtener, preparar y consumir la comida, cuando es hecha en pareja, puede mejorar la relación. Por eso a menudo es mejor cocinar que cenar fuera. Compartir el proceso, y no sólo el producto, introduce la relación en todos los aspectos de la vida.

8

Deseo y unidad

La atracción entre las energías yin y yang es la ley fundamental de la naturaleza. Como ya hemos definido, yin y
yang deben coexistir; no pueden existir por separado. Esto es
cierto en cada escala: en el cosmos, en el sistema solar, en este
planeta y en la relación entre hombres y mujeres. Todas son
manifestaciones del mismo intercambio.

Todo lo viviente tiene tres componentes: materia, energía e
información. La "materia" se refiere a las manifestaciones físicas
de toda clase. La "energía" abarca las fuerzas que realizan todas
las funciones de transformación de las cosas vivas. La "información" tiene que ver con alma y espíritu, entendimiento y
memoria. En un organismo humano, el nivel de la materia está
ligado a la carne y los huesos; el nivel de energía tiene que ver
con procesos metabólicos; el nivel de información se relaciona
con los pensamientos, los recuerdos, las realizaciones espiri-
tuales y la voluntad. La máxima atracción y unificación de las
cosas vivas involucra la unión de estos tres componentes. Esto

es, hay conexiones en los tres niveles de información, energía y materia. La conexión física (material) juega un papel importante y necesario en la unificación máxima.

La sexualidad muestra la mayor manifestación de unificación física. El eterno ciclo de la vida depende de que este vehículo continúe. Más allá del placer y la realización física y emocional, tiene una misión sagrada: permitir que una especie siga existiendo. Para la mayoría de los animales, la sexualidad parece tener que ver mucho más con la reproducción que con el placer. Sin embargo, en el caso de los humanos, especialmente con el control de natalidad moderno, a menudo es sólo una fuente de placer. De hecho, a lo largo de la historia humana siempre ha existido esta tendencia. Algunos psicólogos sugieren que el objetivo final que yace en todos los esfuerzos humanos es el sexo. Sea o no cierto, señala la importancia que el deseo sexual ha tenido en la historia de la humanidad.

La unión sexual es el resultado natural de la atracción mutua. El sexo transforma una relación. Cuando a ésta se le adiciona el sexo, indica un nuevo nivel de intensidad, de revelación y confianza mutua.

¿Siente algo?

En tiempos modernos, con la llamada revolución sexual, la percepción del sexo como una fuente de placer, ha debilitado el carácter sagrado del mismo, guiando a un decrecimiento en la calidad de la experiencia sexual.Con la creciente industrialización, la vida y actividades humanas se han vuelto más mecanizadas. Es casi como si las personas trabajaran para las máquinas, según las condiciones que ellas determinan. Se ha perdido la sutileza del sentimiento, la sensibilidad y el lado interior de la vida. La gente tiende a responder de manera mecánica, sin mucho sentido de gradación. Además, parece que cada vez necesitan estímulos más fuertes para tener algún efecto: los estímulos sutiles aparentemente no tienen efecto en lo absoluto. La música es más fuerte, los colores más intensos, los autos más rápidos y la arquitectura más invasiva y exagerada, todo esto en un intento por llamar nuestra atención.

Pero entre más fuerte es la estimulación, disminuye más la sensibilidad, y se requieren estímulos de mayor intensidad. Así se establece un círculo vicioso, hasta el punto que los individuos llegan a extremos para conseguir el efecto que pocas generaciones atrás podrían obtener de manera muy sencilla.

La industrialización parece ser un gran éxito, porque ha conducido a una abundancia de cosas que una vez fueron escasas. Este es el aspecto yang del proceso. Pero el yang siempre está acompañado por yin, y el lado yin del proceso es que hemos perdido el contacto con los aspectos más sutiles de la vida, además de los sentidos de intuición y sensibilidad que son necesarios para percibirlos. Hemos perdido la conexión con el lado interior de la naturaleza y la vida.

Por ejemplo, debido a los adelantos en la horticultura y las presiones del mercadeo competitivo, las personas observan sólo las flores más grandes, brillantes y extravagantes. Han perdido la capacidad de apreciar las flores simples y sus características más primitivas, como la belleza del pequeño diente de león. Los sentidos están tan asediados de estímulos, que se han fatigado y no pueden responder. Muchos no podemos disfrutar cosas simples que están naturalmente disponibles: brisas suaves rizando el agua, la Luna saliendo entre las montañas, o nuevos capullos brotando en los árboles en la primavera.

No es sorprendente que el lado físico de las relaciones sexuales también ha sido afectado. Tristemente, parece que las relaciones ahora deben ser fuertes, activas, vibrantes e incluso violentas, para que las personas puedan tener la sensación de que en realidad hay un efecto mutuo. Ya no entendemos la antigua poesía en la que una mirada entre enamorados podía ser maravillosa, al igual que la corriente sentida con el contacto de las manos. En las películas viejas, el actor y la actriz se besaban al final; en las modernas, van a la cama desde el comienzo.

Los libros, las investigaciones de laboratorio y un enfoque en la técnica, dominan la enseñanza de la sexualidad. Este es un gran cambio de los enfoques tradicionales. Rara vez se menciona que la intimidad puede y debe ser alcanzada antes del contacto físico. Dos personas pueden hacer el amor sin tocarse, sólo al llegar a conocerse como seres humanos. Este puede ser un proceso muy natural y hermoso, pero la pareja debe tomarse su tiempo y evitar la tendencia a intimar físicamente antes de que tome lugar la sintonización emocional. Si permiten que el deseo de intimidad aumente mientras que la compatibilidad y el amor se hacen presentes, sentirán sus energías mezclándose e interactuando. Este es realmente el proceso básico para desarrollar una relación sexual memorable.

El sexo es el máximo símbolo de la unificación del yin y el yang en la experiencia humana. En la tradición taoísta, el sexo es considerado como una puerta al cielo o al infierno. Con la dirección correcta, puede mejorar la salud, equilibrar las emociones y conducir a estados superiores del ser, incluso al tipo de experiencia de unificación sin temores que las personas logran después de practicar la meditación durante mucho tiempo. Pero, el uso inapropiado o desenfrenado del sexo puede guiar a una mala salud y el colapso espiritual. Debido a la posibilidad de abuso, muchas culturas consideran la sexualidad como la semilla del mal, y la promiscuidad y los excesos sexuales son considerados como la mayor forma de corrupción.

Tiempo y espacio indicados

El sexo debería ser visto holísticamente, con la debida consideración del tiempo y el espacio. Al igual que otras unidades orgánicas, los cuerpos humanos son sistemas abiertos. Durante la actividad sexual, la unión de los aspectos yin y yang de la entidad humana en una unidad más grande, la hace mucho más abierta que lo usual. Las influencias externas son mucho más significativas. Por tal razón las condiciones y eventos exteriores pueden tener un impacto particularmente fuerte durante la actividad sexual. La enseñanza tradicional recomienda evitar los extremos durante el sexo. En otras palabras, las relaciones sexuales no deben realizarse en tiempo muy frío o caliente, ni en condiciones naturales extremas. El clima extremo involucra un desequilibrio del flujo de qi, e inducirá un efecto similar en el cuerpo humano. De igual manera, las personas también deben evitar las relaciones sexuales cuando se encuentran en estados físicos o emocionales extremos.

Para la mayoría, por razones prácticas, la actividad sexual se da en las noches. En las enseñanzas tradicionales se dice que, en general, la energía sexual masculina es más abundante en la noche que en la mañana, y debido a esto la actividad sexual nocturna tiende a ser más gratificante para las mujeres. Similarmente, al iniciar la mañana, la energía femenina es más abundante, y el sexo a tales horas tiende a ser más beneficioso para los hombres. Estas no son reglas rígidas, pero sí pautas útiles para valorar nuestras experiencias. Cada pareja debe examinar las formas en que estos patrones se manifiestan en la relación.

El tiempo propicio a menudo es regido principalmente por la pasión y la oportunidad —pero los puntos antes mencionados deben ser tenidos en cuenta lo más posible—.

En términos de espacio, las personas obtienen lo máximo del sexo cuando se encuentran en una situación tranquila y equilibrada. Por razones obvias, es mejor un lugar privado y seguro. Una alcoba acogedora con buen feng shui, (como vimos en el capítulo 3), será un sitio ideal. Hay personas que prefieren la aventura, y buscan los lugares y momentos más exóticos para tener excitación adicional. Sin embargo, a largo plazo tendrán que enfrentar las consecuencias negativas de este patrón de actividad. No hay nada de malo con la creatividad, con salir de la rutina. Pero hay mucho espacio para ello dentro de las pautas tradicionales básicas. Pasar de un tipo de lugar equilibrado y tranquilo a otro, puede brindar variedad y estimular la creatividad, sin exponernos a los peligros que surgen de extremos de desequilibrio o riesgo.

La técnica fundamental

La satisfacción siempre surge del interior, no de condiciones externas. Es cierto que muchos libros se enfocan en la técnica sexual, y este tipo de enfoque efectivamente tiene un cierto valor. Pero no hay técnica, posición o recurso que pueda reemplazar al factor más importante: el amor. *El amor es la técnica fundamental.* Si hay atracción mutua, la unificación de estas energías generará sentimientos gratificantes. Un simple abrazo o beso, o sólo tomarse de las manos, puede producir una sensación de gran abundancia. Sin un fuerte sentido del amor, la sola estimulación física puede dejarnos una sensación de cansancio o vacío —un anticlímax después del clímax—.

Al hacer el amor, es importante ser sensible a los ritmos y procesos de la pareja. Es bueno que los amantes puedan alcanzar el clímax al mismo tiempo. Esto requiere paciencia, conocimiento, atención mutua y sensibilidad. Para los hombres, el marco de tiempo del sexo es obvio. Para las mujeres, el ciclo sexual es más sutil, y las señales de excitación sexual también son más sutiles e individuales. Recuerde: los hombres, en general, necesitan espacio; las mujeres necesitan tiempo. Sólo con amor y cuidado por parte del lado masculino, y una comunicación abierta en el lado femenino, los dos ciclos pueden ser integrados. Se puede decir mucho acerca de la fisiología del ciclo sexual —pero cuando no hay amor, es improbable que las personas estén motivadas a tener en cuenta la fisiología del ciclo—. En una relación en que sólo una persona tiene satisfacción, la otra tarde o temprano se separará. La teoría del yin-yang dice que si la relación es desequilibrada, el Tai Chi (el mundo) de la misma se contraerá y será más limitado. Sólo cuando hay equilibrio, un sistema Tai Chi continúa floreciendo.

Se trata de amor, no de hacer el amor. La estimulación física en sí sólo dura un tiempo relativamente corto (sin importar cuánto se esfuerce en prolongarlo). Sin embargo, ciertos accesorios físicos pueden ser útiles. Cualquier cosa que cree un ambiente apropiado, como velas, incienso, flores frescas o aceites perfumados, realzan los sentimientos que ya existen, y hacen que sean más fáciles de expresar y compartir. Un masaje suave con aceite de sésamo, conocido por sus características desintoxicantes y la capacidad de aumentar la excitación, puede ser un efectivo juego amoroso previo. Con abundante amor como base, dulzura, sensibilidad y respuesta a los sentimientos mutuos, se nutrirá una relación que durará mucho tiempo.

El clímax es sólo la mitad del camino

Las energías yin y yang tienen características diferentes. Yang es externo, agresivo, dinámico y expansivo. Yin es interior, sutil, sensible y contenido. Para la energía yang, la mayor manifestación es alcanzar el objetivo; para la energía yin, la terminación significa regresar del objetivo al punto de origen. El clímax es como llegar a la cima de una montaña. Para el yang, ese es el objetivo, y el resto es irrelevante. Desde el punto de vista yin, el viaje no está completo hasta que haya regresado de la cumbre.

Con frecuencia los hombres piensan sólo en la manifestación, y no reconocen o aprecian la importancia de la segunda mitad del viaje. No obstante, para las mujeres, la segunda mitad es tan importante como la primera. Para ellas es esencial experimentar todo el proceso. Los hombres deben entender la importancia de completar el ciclo.

La teoría del yin-yang también brinda otra pauta. Cuando la estimulación genital es muy intensa, lo cual tiende a acelerar la eyaculación, es bueno equilibrar el exceso de energía en los genitales con atención en el otro extremo del cuerpo, en la coronilla de la cabeza. Enfocarse en esa área puede ayudar a redistribuir y balancear la energía en todo el cuerpo, haciendo que la relación sexual dure más tiempo y logrando un intercambio de energía más balanceado y armonioso.

Yang es por naturaleza dinámico y expansivo: para lograr un buen balance, necesita tener un elemento de contención o control (yin). Por otra parte, yin, siendo a su vez reservado y contenido, requiere una cualidad de abertura sin restricción (yang) para lograr el equilibrio. En otras palabras, los hombres, como portadores de energía expansiva, deben ejercitar el control sobre la misma. Las mujeres, que poseen energía contenida, deben liberarse. Al hacer el amor, los hombres deben controlarse, y las mujeres sentirse completamente libres y sin limitaciones. Cuando los hombres se controlan, pueden demorar más fácilmente el clímax; cuando las mujeres se sienten liberadas, encuentran más fácil alcanzar dicho punto. De esta forma, estando mejor balanceadas, las energías masculina y femenina pueden lograr juntas un clímax más equilibrado.

En una sinfonía, la música nos guía por un viaje, elevándonos y luego bajándonos al final. Este patrón es un buen modelo para un encuentro sexual. La sinfonía no se detiene en el tercer movimiento —tampoco no debe hacerlo una relación sexual—.

Sexo y salud

El sexo juega un papel crucial en continuar la vida y las relaciones. Sin embargo, muchos no saben que también tiene un rol importante en la salud.

El sexo bien equilibrado mejora la salud; el sexo desbalanceado puede tener un efecto negativo sobre la misma. En la larga tradición taoísta, hay mucho conocimiento sobre el sexo. En realidad, el taoísmo puede contener la más antigua e influyente tradición de educación sexual. Como dijimos anteriormente, cada actividad humana tiene tres aspectos: tiempo, espacio y gente. Lo mismo pasa con el sexo: el tiempo indicado, el lugar apropiado y la pareja ideal son importantes.

Hay unos principios básicos que las personas pueden aplicar para proteger su salud en el contexto de las relaciones sexuales.

1. Los factores y eventos externos son importantes. Esto se refiere a los ciclos sexuales humanos y a los patrones de la naturaleza. La unión sexual es un momento de abertura y vulnerabilidad, es cuando somos permeables a

influencias externas. Es importante evitar tener sexo cuando el firmamento está atestado o desequilibrado: durante tormentas, en extremos de calor o frío; o cuando se presentan patrones climáticos intensos y cambiantes. Irónicamente, en grandes tormentas, cuando se corta la electricidad, la gente va a la cama —pero puede no ser el mejor momento para hacerlo—. La tradición recomienda evitar el sexo durante la Luna llena o nueva, o en los equinoccios o solsticios, debido a que son condiciones extremas.

2. Las relaciones sexuales deben ocurrir estando en un apropiado estado físico y emocional. Nunca tenga sexo cuando se encuentre muy cansado, lleno, embriagado, o tenga mucha hambre —ni cuando esté deprimido, enojado o inestable emocionalmente—. Si tiene relaciones en esas condiciones, perderá energía en lugar de beneficiarse de la unión con su energía complementaria. Por desgracia muchos suelen usar el sexo como un escape de la depresión, manteniendo o intensificando el problema. Las mujeres deben tener cautela en cuanto a tener sexo durante el embarazo, ya que las reacciones físicas intensas podrían, en algunas circunstancias, perjudicar el feto.

3. Evite los excesos y la abstinencia prolongada. El desenfreno tiende a agotar la energía y acelera el proceso de envejecimiento. (Los excesos a menudo son un intento de compensar algo que hace falta: por eso pueden conducir a sentimientos de depresión y vacío más intensos). Demasiada abstinencia sin la dirección correcta de la

energía, puede llevar a la frustración, mal carácter y un desenfreno compensatorio en otras cosas, como comer o los juegos de azar.

4. Siga el patrón y ritmo de la naturaleza. El invierno es más frío que el verano; las personas jóvenes son más activas que las mayores. Lo mismo se aplica a la actividad sexual. La energía empieza a manifestarse en la primavera y alcanza su máxima expresión en el verano; en otoño tiende a bajar de nuevo. De este modo, es mejor tener sexo con mayor frecuencia en la primavera y el verano que en otoño o invierno. El sexo es más frecuente durante la juventud, pero es un error tratar de mantener el mismo ritmo al envejecer.

Ocho nutrientes y siete perjuicios

La enseñanza tradicional brinda muchas pautas específicas para la actividad sexual. Un sistema taoísta clásico involucra los llamados "ocho nutrientes y siete perjuicios", que son métodos concretos para alimentar las energías sexuales en la vida cotidiana, y antes, durante y después de las relaciones sexuales.

Los ocho nutrientes o estímulos tienen que ver con tres fases de la actividad sexual: qué hacer en la vida cotidiana, durante las relaciones sexuales y después de éstas, para ayudar a equilibrar las energías.

1. Estimule el qi diariamente. En la mañana, después de levantarse, siéntese y medite. Estire la columna vertebral mientras se sienta, relaje las caderas, contraiga el perineo

y visualice el foco de energía alrededor de los genitales. Si hace esto como parte de su rutina al menos veinte minutos cada día, nunca carecerá de energía sexual.

2. Trague el qi. Durante la meditación, encontrará una gran acumulación de saliva. Tráguela, visualizando cómo desciende al área de sus genitales.

3. Ponga atención al tiempo propicio. Antes de las relaciones sexuales, prolongue el juego amoroso previo hasta que los dos experimenten un elevado deseo sexual. Sólo entonces deberían seguir con el coito.

4. Durante las relaciones sexuales, relaje la columna vertebral, contraiga el perineo y guíe su qi hacia abajo.

5. Durante las relaciones sexuales, evite los movimientos excesivamente rápidos, repentinos o bruscos. Entre más lentos sean, más interactuarán y se unirán las energías yin y yang.

6. Los hombres deberían tener actividad sexual sólo estando erectos, y no continuarla cuando no estén cargados de energía.

7. Al final de la relación sexual, tome su tiempo para descansar con tranquilidad. Visualice la energía subiendo por la columna vertebral y bajando por el frente del cuerpo.

8. El hombre debe separarse de la mujer estando aún erecto, en lugar de esperar hasta que su pene se haya puesto flácido.

Los siete perjuicios describen las condiciones bajo las cuales debemos evitar las relaciones sexuales.

1. Si uno de los miembros de la pareja siente incomodidad o dolor genital.

2. Si la actividad se torna muy ardua.

3. Si los excesos han llevado a la debilidad.

4. Cuando el hombre tiene deseo pero no erección. No fuerce a su pareja —ni se presione a sí mismo—. (Vea también el sexto perjuicio).

5. Cuando tenga demasiada ansiedad o preocupación.

6. Cuando la mujer no siente deseo, pero el hombre trata con desespero de excitarla. En tales ocasiones, no hay conexión energética.

7. Cuando no hay suficiente tiempo. En otras palabras, si no hay tiempo para el juego amoroso previo o para cultivar la respuesta emocional. Al acelerar la relación sexual, desperdiciamos energía y socavamos los efectos positivos.

Si se tiene en cuenta estas consideraciones, la actividad sexual mejorará la salud y relaciones además de mantener la juventud. De otra manera, podemos perjudicar la salud, reducir el período de vida u originar otros problemas físicos, que pueden ser menos graves pero afectarán el bienestar.

Estas ideas parecen recalcar el punto de vista masculino —pero tales actividades pueden ayudar o perjudicar a la mujer tanto como al hombre—. Si el hombre hace las cosas bien, tanto él como su pareja se beneficiarán igualmente.

La atracción y el deseo mutuos son más importantes que la mera técnica. La actividad sexual no debe ser de una sola vía. Cuando el deseo es mutuo, el beneficio es mutuo. Cuando el deseo es únicamente de una persona, la otra pierde. Cuando una pierde, las dos pierden.

En realidad, es frecuente que ambas personas no siempre tengan el mismo sentimiento. Por eso se requiere trabajo y sincronisidad para que las dos lleguen al mismo punto. Si no pueden alcanzar un nivel igual de interés y atracción, es mejor aplazar la relación sexual hasta que los sentimientos sean mutuos.

Viagra: la tarjeta de crédito sexual

Cuando Pfizer, la gigante compañía farmacéutica, introdujo el Viagra en 1998, creó un torbellino de interés en la comunidad médica —y entre hombres en todo el mundo . Fue un enorme éxito de marketing.

Este medicamento, y muchos similares que pronto estarán disponibles en el mercado, juegan un papel en el tratamiento de la disfunción sexual, pero ha sido usado en formas que podrían causar más mal que bien. A menudo se emplea para tratar de suplir energía que no existe, lo cual es semejante a bombear la última gota de petróleo de un pozo que esta seco.

Entonces, podemos ver que algunas cosas que parecen mejorar la capacidad sexual realmente la minan —así como el uso equivocado de tarjetas de crédito crea una apariencia de riqueza temporal, en realidad origina graves problemas económicos—.

El Viagra no crea energía sexual básica: sólo ayuda a gastarla. Desde el punto de vista de la ley natural fundamental, es como utilizar una tarjeta de crédito para hacer toda clase de compras cuando no existe dinero en efectivo para pagarlas. Pero al final debemos hacerlo, y, en un contexto sexual, pagamos por un envejecimiento acelerado, por el debilitamiento de los riñones y el sistema urogenital, por presión en el corazón, etc. Es probable que en el futuro haya consecuencias más graves. Además, es unilateral: el desequilibrio del lado yang puede conducir a desequilibrios en el lado yin.

El mejor enfoque, el mejor afrodisíaco, es un cuerpo sano, además de emociones balanceadas y un verdadero amor mutuo. La meditación, el cultivo del qi y el ejercicio razonable pueden ayudar a mejorar recursos energéticos auténticos.

Guiando la energía sexual

Cuando las personas están solas, sueñan con tener una pareja. Incluso quienes tienen una relación pueden sentirse frustrados y soñar despiertos en ocasiones en que se encuentran separados.

Al existir demasiada energía sexual, con frecuencia se manifestará como ansiedad, impaciencia o irritabilidad. Algunos la liberan a través de la práctica de deportes, el trabajo arduo o las labores físicas. En la enseñanza taoísta, la energía debe ser transmutada en energía qi por medio de la meditación o el Qi Gong, para así mejorar y rejuvenecer el cuerpo. Esto es a veces llamado alquimia interior. Para una pareja de enamorados, también hay una técnica de visualización que puede ser usada para el beneficio de ambos.

Cuando las personas tienen una relación, ya poseen una conexión energética, y también un vínculo de información. Durante períodos de separación, cuando sienten una oleada de deseo, pueden visualizar ligeramente a la pareja, enviándole dicha energía. Esto no es lo mismo que soñar despierto eróticamente: no debe ser una fantasía sexual, sino un envío abstracto de la energía.

Es importante recalcar que esta técnica sólo funciona con quienes ya tienen un vínculo fuerte y sincero, y están preparados para recibir además de proyectar. Intentar usarla con (o, más precisamente, sobre) alguien con quien no se tiene una relación ni un entendimiento acerca de compartir energía, creará muchos más problemas de los que puede resolver. Esto podría conducir a una obsesión unilateral de la persona, además de debilitar su energía, ya que no recibirá energía de la otra persona, quien posiblemente sólo le transmitirá enojo.

Esta técnica puede parecer "pura imaginación" y demasiado simple para lograr resultados. En realidad, la naturaleza siempre provee canales para que la energía fluya; la única pregunta es si los canales están o no abiertos. Este tipo de visualización simplemente abre la puerta: en una relación auténtica los canales ya están ahí. En el contexto de una conexión energética, la energía necesita fluir a la otra persona para mantener el vínculo: no se requiere "enviarla" forzadamente. La energía fluirá a donde es dirigida por una simple intención, y seguirá fluyendo para completar el circuito, regresando transformada a quien la envió, apoyando a los dos enamorados, y distribuyéndose armoniosamente entre ellos.

La píldora fundamental del amor

La sexualidad es un deseo básico compartido por todos los seres humanos. Sin importar si se es rico o pobre, hermoso o feo, la naturaleza de la experiencia y el placer que brinda el sexo son iguales. El sexo juega papeles muy importantes en el mantenimiento de la salud física y mental, dando energía y motivación. Para los seres humanos es crucial tener una adecuada vida sexual. Aunque a menudo hay razones religiosas para abstenerse del sexo, en la vida normal, las energías sólo pueden ser equilibradas a través de relaciones sexuales saludables.

La expresión sexual es un arma de doble filo. Es una poderosa ayuda para crear una vida satisfactoria; pero cuando es manejada inapropiadamente, puede ser muy destructiva. Hay una gran cantidad de técnicas, comidas, suplementos, medicinas y aparatos destinados a mejorar la experiencia sexual —pero la verdadera base de la sexualidad es interna—.

Esta es la poción de amor fundamental: tome cuatro partes de cariño, tres de pasión, dos de atención y una de ternura. Mezcle estos ingredientes con paciencia y un corazón abierto, y administre la poción con sensibilidad y dulzura. Úsela diariamente, y encontrará que el deseo conducirá a la unidad y realización.

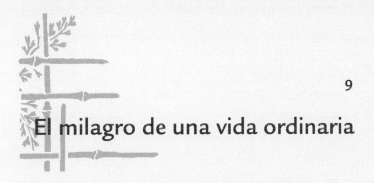

9

El milagro de una vida ordinaria

Parece muy simple decir que las relaciones románticas son relaciones yin-yang. Pero si miramos en detalle el diagrama del Tai Chi, en el cual yin y yang están divididos por una línea curva, vemos que la relación es dinámica e involucra constante cambio y transformación. El rápido ritmo de la vida moderna intensifica este dinamismo, guiando a cambios aun más rápidos. Mantener la estabilidad en tales relaciones dinámicas es un desafío mucho mayor ahora que en tiempos pasados. En el comienzo de la relación puede existir un equilibrio perfecto y estabilidad, pero las cosas se desequilibran con facilidad, y las personas se separan tan rápido como se unen.

A medida que descendemos del nivel abstracto al concreto, las cosas se complican demasiado. La cultura, la religión, el origen, la educación y profesión, y el ingreso económico, tienen un impacto sobre las relaciones. Estos factores también se han intensificado en la vida moderna, en la cual hay contactos interculturales mucho más frecuentes que antes.

A pesar de todos estos retos, los patrones básicos de las relaciones yin-yang siguen siendo los mismos. Sin reparar en el nivel en que estemos actuando, es importante dar atención a los patrones energéticos que están detrás de las manifestaciones superficiales. Los posibles patrones de energía son los mismos en cualquier nivel de manifestación, al igual que el enfoque efectivo para manejarlos.

Muchas de las diferencias que existen en el nivel concreto son arregladas durante el proceso de noviazgo, antes que las dos personas se unan por completo, pero los retos siempre persisten. El problema en el nivel concreto es poner en juego lo suficiente de la claridad abstracta, de tal forma que podamos desenredar algunas de las complejidades de la vida, y ver cómo las cosas que parecen caóticas pueden ser resueltas en un orden superior —esto es, en términos de los patrones energéticos—.

Al final, las mejores formas de manejar las cosas parecen simples y triviales, pero en realidad son poderosas porque se derivan de los inevitables patrones de relaciones yin-yang. Los siguientes conceptos podrían describir métodos o enfoques simples, pero pensar en tales cosas nos guía a observar cómo el entendimiento de las relaciones yin-yang puede ayudarnos a manejar los problemas de la vida ordinaria, en formas donde se aprovechan las soluciones naturales, sencillas e incluso inevitables.

Cariño, quizás tu tienes razón

En la vida cotidiana, cualquier cosa puede ser la base de una discusión. Las parejas pueden pelearse por diferentes asuntos, desde desacuerdos domésticos hasta la política, y todos quieren hacer valer su opinión. Pero las discusiones por cosas pequeñas pueden acumularse y originar desacuerdos serios. Con el tiempo, esto puede tener graves efectos en una relación. Cada vez que se presentan discusiones o disputas, incluso si cree con firmeza que tiene la razón, es bueno considerar la posibilidad de que la otra persona está en lo correcto —y también hay que decirlo—. No hay nada que perder. Decir "cariño, quizás tu tienes razón", es una de las frases más poderosas que uno puede expresar cuando surgen desacuerdos en una relación romántica.

Las discusiones también pueden ser resueltas con diversión, que puede aliviar la tensión que a menudo se presenta en tales situaciones. Una vez conocí una pareja de edad avanzada proveniente de la China. El esposo era un general retirado del ejército. Durante años, rutinariamente los visité los domingos por la tarde. Esta era una pareja muy sofisticada, y cada uno tenia sus propias opiniones bien cimentadas. Cuando entraron a sus ochentas, la memoria les empezó a fallar, y de vez en cuando tenían discrepancias en varios asuntos. Para resolver tales discusiones, desarrollaron un sistema: cada vez que estaban en desacuerdo por algo, hacían una apuesta de cinco dólares. Después, con los hechos, averiguaban quién tenía la razón. Cada uno tenía su caja para guardar las ganancias, y de vez en cuando comparaban las cantidades para ver quién mantenía mejor la memoria, y solían burlarse el uno al otro con los resultados. En otras palabras, lo que pudo haber sido un mal hábito fue convertido en un juego con el cual se divertían.

Si puede dar un paso atrás incluso cuando crea que tiene la razón, encontrará que el mundo frente a usted de repente se hace más grande y claro, y ahora tiene más espacio para respirar.

Disfrute las cosas pequeñas de la vida ahora mismo

La gente tiene la tendencia a esperar con ilusión grandes eventos, a tratar de crear una gran sorpresa para la pareja —un anillo de diamante, vacaciones en el extranjero, o una fiesta de cumpleaños especial—. Esto es particularmente cierto cuando sentimos que hemos hecho algo en el pasado por lo cual necesitamos ser perdonados. Sin embargo, en la vida real, cuando el hoy se va, lo hace para siempre; no puede regresar. La alegría de mañana no compensa el dolor de ayer.

Es mejor vivir en el presente. Una pequeña alegría hoy se presenta aquí y ahora, no en el teórico futuro. Una simple caminata en el parque puede significar más que unas vacaciones futuras. En nuestra vida, la mayoría de situaciones memorables usualmente no son "grandes" acontecimientos, tales como graduaciones, bodas, etc.; son "pequeñas" cosas: jugar en la nieve en una maravillosa víspera de Navidad, una cena muy agradable, una conversación no planeada que de algún modo significó más que un discurso ensayado o una ceremonia elaborada.

Las alegrías de la vida y el amor están ensartadas en una cadena de pequeños eventos, no en lazos gigantes e incalculables.

Evite decir "cuántas veces tengo que . . ."

Este es uno de los comentarios más comunes hechos por alguien que tiene una queja. Esta frase en realidad no tiene mucho poder —excepto quizás, el poder de irritar—.

¿Por qué es tan difícil para alguien escuchar su mensaje? Puede ser debido a que lo han escuchado antes, y ya han decidido qué hacer al respecto —lo que significa, a menudo, que han resuelto no hacer nada—.

A veces, por supuesto, es sólo una expresión de exasperación, y no hay intención de afectar a la otra persona; pero si queremos que ésta escuche y responda, debemos preguntarnos qué impide que el mensaje sea recibido.

Como señalamos antes, todo se manifiesta del interior al exterior. Cuando se encuentre en tal situación, primero examínese a sí mismo. ¿Qué sucede realmente dentro de usted? Sin algún entendimiento de la situación interior, este tipo de comentario se presentará una y otra vez, y continuará siendo inútil.

Juegue el papel "contrario"

El papel "contrario" puede ser el rol de apoyo. Aunque por lo general en la pareja una persona es yang y la otra yin, en la vida diaria hay mucha variabilidad en cuanto a quién cumple determinado rol. Cuando su pareja es yang, usted es yin, y viceversa. Yang y yin se complementan: no yin con yin, ni yang con yang.

Cuando una persona está afligida, la otra debe apoyarla; cuando una se torna agresiva, la otra debe ceder, hasta que se presente la oportunidad de tomar el rol agresivo; cuando una está demasiado emocionada u optimista, la otra debe estar en calma y ser prudente.

Salga de la rutina

Durante el noviazgo, o el comienzo de una relación, la vida tiende a estar llena de maravillas: conciertos, bailes, fiestas, excursiones, conversaciones filosóficas, poesía, cenas románticas y otras actividades gratificantes. Siempre hay cosas nuevas y cambios de ritmo. Pero con el tiempo las relaciones se estabilizan, todo se convierte en rutina: ir de compras, la lavandería, el mantenimiento del auto, llevar los niños a la escuela, etc. El romance se ha ido: todo se enfoca en la televisión, el trabajo y los hijos. Las personas suelen quejarse de estar "atadas y cansadas", y todas parecen estar atrapadas en tal situación. La vida ahora se ha tornado aburrida; la relación pierde emoción.

Aprenda a salir de la rutina cotidiana de vez en cuando. En ocasiones, haga algo espontáneo o "loco". Cuando el agua es agitada, las burbujas de aire aumentan el nivel de oxígeno de la misma y la hacen mejor para sustentar la vida. Aprenda a cambiar viejos patrones. Salga a una cena especial sin una razón específica. Compre un ramo de flores sin la presión de un evento "especial". Las sorpresas pequeñas a menudo son mejores que las grandes realizaciones ya esperadas.

Use estos cambios de ritmo y sorpresas para enamorarse de nuevo.

El momento indicado para separarse

Se dice que una reunión después de una corta ausencia con frecuencia es mejor que un nuevo matrimonio. Una separación larga podría acabar con la relación, pero una corta estimula el amor. Es de la naturaleza humana dar por sentado lo que ya tenemos. Perdemos el sentido de aprecio. Esto es especialmente cierto para una pareja que vive junta por mucho tiempo. Ellos ya cuentan con apoyo y consejo mutuo, y olvidan lo maravilloso de estas cosas "ordinarias".

Si una pareja se separa ocasionalmente, recordarán el valor de lo que han tenido desde el principio. Si la esposa va a visitar su familia por un tiempo, es cierto que el marido tiene una sensación de libertad los primeros días. Después, gradualmente encontrará que hay vacíos en su día y cosas que necesitan de atención, y que pocas veces las ha hecho por sí mismo.

Aprecie las diferencias

Los hombres y las mujeres pueden ser similares, pero no son iguales. No espere que su pareja actúe, piense o responda como usted lo hace. Debemos comprender que debido a que los hombres manifiestan energía yang y las mujeres energía yin, son naturalmente distintos.

Para los hombres, las mujeres pueden parecer ilógicas; y ellas consideran que los hombres son mecánicos, especialmente cuando están en una relación romántica. (Este tipo de diferencia no parece existir de la misma forma cuando se trata de relaciones de trabajo). Regalar de sorpresa un ramo de flores podría hacer feliz a una mujer varios días, pero si es ella quien le da a un hombre un regalo especial, tal vez él sólo diga "gracias", dejándolo a un lado para regresar a ver televisión.

Una mujer puede pedirle a un hombre que haga algo y entrar en detalles al respecto; quizás él sólo querrá ponerse en acción y hacerlo; podría pensar que hablar más no es necesario. Para ella, la conversación tal vez sea la razón por la cual la petición era importante inicialmente. Las mujeres se enfocan más en el proceso; los hombres en el resultado.

Hay una razón para que los hombres y las mujeres sean distintos. Sin esta diferencia, no habría polaridad, sin polaridad no habría atracción, y sin ésta no se entablaría una relación.

Si fuéramos iguales, la vida sería muy aburrida. Por tal razón no espere que su pareja o amante siempre responda como usted lo hace. Aprenda a aceptar y comprender la diferencia y el valor que tiene.

Aprecie los defectos

Además de las diferencias naturales entre hombres y mujeres, también hay que tener en cuenta los defectos que cada individuo tiene.

Muchas personas viven con malos hábitos y defectos durante toda la vida. Compartir los días con alguien así garantiza molestias durante el tiempo que dure la relación.

Siempre que estos rasgos no involucren principios fundamentales, sería mejor aprender a aceptarlos: "ya sabes, así es él (o ella)". Este simple cambio en la forma de pensar puede resolver muchos problemas.

Podría ser muy aburrido estar con una persona perfecta, sin defectos o malos hábitos. Además, si encuentra a alguien perfecto, es probable que descubra que usted no es perfecto para esa persona.

Si su pareja se queja de usted, trate de relajarse y tome con humor la queja. Piense que es una forma especial de atención. Si usted no fuera importante para su pareja, no perdería tiempo y energía quejándose.

Resuelva las discordias lo más pronto posible

Sin importar qué tan compatible es la pareja, al convivir inevitablemente habrá fricción entre ellos. Resuelva pequeñas diferencias tan pronto como aparezcan; no deje que se conviertan en problemas serios. Si esto pasa, puede ser muy difícil arreglar las cosas sin dejar huellas o comprometer la estructura de la relación.

Un jardinero experto se ocupa de la maleza tan pronto como aparece. Si se deja crecer por mucho tiempo, deshacerse de ella puede perjudicar el jardín.

Nunca subestime el impacto de los problemas pequeños. Sea sensible a esos inconvenientes menores, y evitará que se conviertan en graves dificultades.

No deje que la esperanza lo decepcione

La satisfacción o la decepción provienen de las expectativas. Medimos lo que tenemos contra lo que esperábamos tener. Entre menos espere, menos decepción experimentará, y más satisfecho quedará. Esta es una regla general para la vida y las relaciones.

No espere más de lo que se su pareja puede ofrecer. Acepte sus limitaciones. Sin importar qué tan maravillosa sea una relación, su vida es más grande que ella. El mundo es más grande que ustedes dos. No crea que tendrá felicidad y realización completa sólo por medio de una relación romántica. Siempre será necesario tener amigos que brinden apoyo; hay cosas que se pueden decir más fácilmente a un amigo que a la pareja sentimental.

A veces se acumulan en nosotros energías que necesitan ser manifestadas, pero no pueden expresarse en un contexto romántico. Con frecuencia se debe encontrar un canal de liberación fuera de la relación amorosa.

Los anteriores puntos pueden parecer triviales e incluso tri-
llados. Pero recuerde la idea clave: la mejor forma es la natural, la simple. Las personas siempre esperan algo especial,
técnicas mágicas que hagan especiales sus vidas, tan especial
como ellas sienten en secreto que son, o deberían ser. Esto se
debe a que hemos olvidado lo maravillosa y valiosa que es
nuestra vida. Pensamos que podemos hacerla más especial
adicionándole cosas exageradas que no son necesarias.

Pero es justo lo contrario. Como lo dicen las obras clási-
cas taoístas, los cinco colores son los que nublan la visión,
y los cinco sabores los que entumecen la lengua. En otras
palabras, la adicción a una estimulación cada vez más
fuerte nos impide sentir lo que ya tenemos. Si nos detene-
mos y ponemos verdadera atención, podemos darnos
cuenta de que lo simple y natural tiene más profundidad,
mucho más que todo aquello que queremos adicionar para
darle un mayor colorido, sin importar qué tan brillante sea.

Todos queremos soluciones especiales, pues así confir-
mamos que somos especiales. Pero, en realidad, nuestros
problemas no se resuelven imitando las soluciones de otras
personas. Tenemos que verlos y enfrentarlos con claridad y
luego hacer algo al respecto. Gran parte de la "maquinaria"
de meditación existe sólo para llevarnos a este punto; lo
mismo pasa con el feng shui. Como una vez dijo un famoso
psiquiatra, a menudo el propósito de la psicoterapia es llegar al momento en que finalmente haya dos personas en
una habitación capaces de sostener una conversación.

El propósito de la teoría del feng shui, la teoría del yin-yang, y la teoría de los cinco elementos, es llevarnos al punto donde podamos estar en un lugar y seamos conscientes de cómo lo experimentamos, y estar con otras personas y sentir que se encuentran en el mismo lugar que nosotros. Es muy simple, muy trivial, y por eso es muy especial.

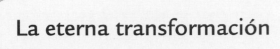

10

La eterna transformación

El amor y las relaciones románticas, en cada nivel y escala, son parte de nuestra vida. El amor juega un papel importante en la transformación de nosotros, y todos los seres, a un nivel superior. Esto no significa que hay una meta fija para dicha transformación: cada persona, cada ser, tiene un camino individual en el curso de su existencia. Lo importante es el proceso mismo.

Si cada vida tiene su propio proceso de transformación, ¿esto nos dice algo acerca del significado de la existencia? Desde los comienzos de la humanidad, se ha buscado la respuesta a esta pregunta. Los antiguos sabios la respondían diciendo que el propósito de vivir es aumentar el bienestar de todo lo que existe. El significado de la vida es contribuir a la continuación de la misma en el universo.

Esta pregunta sagrada también puede ser vista como una pregunta equivocada, *ya que el propósito de vivir es simplemente vivir; el significado de la vida es la vida misma*. En otras palabras, el propósito es vivir a la mayor plenitud posible. Vivir nuestra vida en una forma que intenta ajustarla a un concepto de lo que significa o debería ser, es limitar lo que puede ofrecer, y minar la posibilidad de encontrar su significado más profundo. Esto no significa que sea un error o inútil tener planes —sólo que es contraproducente tratar de forzar la vida para que se ajuste por completo a una idea de lo que puede ser—. Muchas cosas en la vida están fuera de control. Si uno adopta la actitud de que para hacer significativa la vida debe seguir un concepto preconcebido, tan pronto como sucede algo que no se ajusta a esa idea, tenemos la sensación de que toda nuestra existencia ha sido destruida. Algunos meditan con tristeza durante años lo que consideran un desastre, pero quienes tienen un punto de vista menos inflexible, toman lo sucedido como un giro hacia nuevas posibilidades inesperadas.

A lo largo de este libro hemos hablado del amor y las relaciones románticas. Ahora es el momento de examinar la pregunta "¿qué es el amor?". Muchos piensan que definiéndolo perdemos su esencia. Esto es verdad en cierto modo pero a nivel individual, ya que las manifestaciones del amor son tan diferentes, que sería difícil que una definición basada en un ejemplo se ajuste a todas. Pero cuando es visto desde un nivel superior, hay una fuerza y un patrón comunes detrás de todas las manifestaciones. *El amor es el proceso y estado del equilibrio dinámico del yin y el yang.* Puede darse dentro de una persona, de una persona a otra, mutuamente entre dos personas, o entre todos los seres vivos.

Muchos tratan de definir el amor desde una perspectiva idealista, en términos de cosas tales como dar y el sacrificio de sí mismo, o amor incondicional. Sin embargo, desde el punto de vista de la teoría del yin-yang, el amor en una sola dirección no puede considerarse completo. Pero, el amor incondicional que no busca nada a cambio tiene una condición: el dar y recibir toman lugar simultáneamente, dentro de la misma persona. Por eso no se requiere retribución de una fuente externa. El amor que los padres sienten por los hijos puede parecer incondicional, pero los progenitores disfrutan el amor y cuidado que brindan, y reciben su recompensa de esa actividad.

De este modo, empezamos a hablar del amor con el amor propio, el equilibrio yin-yang dentro de nosotros mismos, que nos hace autónomos. Muchos piensan que ser "autónomo" es ser autosuficiente en el sentido de no estar relacionado con nada fuera de nuestro ser —de estar aislado y cómodo con tal situación—. Esto es lo contrario de lo que se quiere decir. Ser autónomo como resultado de establecer una armonía interior, es la *base necesaria* de las relaciones armoniosas entre uno y los demás. No puede existir una relación verdaderamente armoniosa con otras personas si uno se encuentra en un estado de caos y discordia interior. Cuando logramos la armonía interna, podemos amar a los demás. Toda relación amorosa debe estar equilibrada: no se trata de sacrificar o simplemente esperar una respuesta. El equilibrio debe ser innato en la relación, y no algo negociado por actos de sacrificio y pago. Cuando el equilibrio es espontáneo y simultáneo, existe verdadero amor; cuando es negociado y trocado, la relación es más un negocio que amor.

A medida que crece el círculo del amor —la escala del Tai Chi—, también aumenta la armonía simultánea e inmediata: de una armonía interna hacia una armonía entre dos entidades —y a niveles más grandes—. Cuando dos personas tienen una relación armoniosa, entonces ésta puede existir en armonía con sus familias y en un círculo más grande con la sociedad como un todo. Cada expansión del círculo de armonía es un aumento de la profundidad del amor. Por eso una relación que sólo incluye a la pareja puede ser más superficial y de menor duración que una que involucra círculos más amplios de familia, amigos y comunidad. Desde el individual al social, cada nivel tiene su propio equilibrio yin-yang. Entre más niveles entren en equilibrio en una relación amorosa, más profundidad tendrá.

Para los humanos, la unión de las energías yin y yang en relaciones románticas se da en el contexto de buscar felicidad, seguridad, realización y bienestar. Sin embargo, en todas las uniones o relaciones, la alegría siempre está acompañada de dolor; la realización siempre va de la mano con la decepción. En diferentes uniones, estos sentimientos se mezclan en proporciones distintas. A menudo se dice que el matrimonio y otras relaciones formales son como un muro: quienes están adentro quieren salir, y los que están afuera desean entrar. ¿Acaso el Creador juega con nosotros? ¿Por qué estamos atrapados en esta situación contradictoria?

Tal vez debemos ver la situación humana, y las relaciones entre hombres y mujeres, desde una perspectiva superior. Algunas parejas se mantienen en una sola relación amorosa feliz durante toda la vida; hay quienes fracasan en muchas relaciones cortas. ¿Algunos tienen más suerte que otros? Si una persona tiene una vida feliz y agradable, puede ser vista como una bendición. No obstante, también es posible que la persona sólo esté descansando en esta vida y aún no se encuentra preparada para un mayor nivel de desafío. Algunos atraviesan muchos episodios difíciles y relaciones trágicas; pero aunque esto podría considerarse desastroso, quienes lo experimentan tal vez están listos para lecciones más difíciles.

Las relaciones amorosas y la vida conyugal son vehículos que nos mueven a través del proceso de eternidad. Puede haber realización o una carencia de ésta, una unión temporal o un matrimonio de toda la vida: estas son simplemente manifestaciones del proceso. Lo que debemos apreciar es que tenemos una vida, y tenemos que seguir el proceso de vivir mientras somos conscientes de nosotros mismos en dicho proceso.

La vida es ordinaria y a la vez especial. Parece que llegamos a nuestra vida en particular casi por accidente. Aunque siempre hay un destino, es tan improbable el hecho de que en la inmensidad del tiempo y el espacio una vida se encuentre y se una con otra, que tal suceso es prácticamente mágico.

El placer, los logros, las peleas, el divorcio: son manifestaciones externas que juzgamos con base en nuestras limitaciones. Este es el aspecto yang de las cosas.

Lo que importa, o mejor aún, lo más importante es el aspecto yin —la transformación interior que ocurre en el centro de todos estos eventos externos—. Esta transformación es la esencia de lo que estamos llegando a ser.

Hacia la espiritualidad

La unión amorosa es un proceso espiritual, de transformación hacia un nivel superior de existencia. ¿Pero qué significa llamar espiritual a este proceso? ¿Cómo definimos lo que es espiritual?

Los religiosos tienden a definir la espiritualidad en términos de fe y religión. El acercamiento filosófico es un poco diferente, y lo miden de acuerdo a valores morales y conducta social. Las personas tienden a pensar que se trata de moralidad, buen comportamiento y bondad. Todas estas definiciones son incompletas. Quienes tienen buen corazón pueden no poseer suficiente sabiduría para actuar bien. La moralidad a menudo es configurada por la cultura y las épocas: algo considerado inmoral hace siglos, ahora podría ser tomado como virtuoso; lo que es visto como anormal en una cultura, tal vez es normal en otra. La espiritualidad no puede ser simplemente un asunto de religión o cultura, que a su vez son estructuras relativas y variables.

Nuestro juicio de las cosas o personas, y el consecuente comportamiento, nos hace parecer buenos o malos, morales o inmorales, generosos o tacaños, compasivos o fríos, amorosos o crueles. Pero esto tiene que ver con la amplitud de nuestra visión. Las cosas se ven muy diferentes de acuerdo a la perspectiva amplia o estrecha desde donde se analicen, y la base esencial del punto de vista más estrecho es la limitación impuesta por el tiempo y el espacio. *La espiritualidad tiene que ver con la escala de percepción, del tiempo y el espacio.* Si alguien percibe el tiempo y el espacio desde una escala más grande, tendrá una inclinación a ser más espiritual.

Por ejemplo, si un hombre joven es despedido de un trabajo, puede estar decepcionado, frustrado o incluso enojado con el jefe que lo despidió. Meses después, encuentra un mejor empleo, y el resentimiento que le tenía a su anterior jefe se disipa, e incluso los dos pueden convertirse en buenos amigos. Años más tarde, si él tiene un éxito arrollador en su nuevo trabajo, le agradecerá al jefe que lo despidió. La respuesta al mismo evento puede cambiar de muy negativa a muy positiva a través del tiempo.

Si desde el comienzo vemos las cosas desde una perspectiva más amplia, nuestras relaciones serán diferentes —al igual que nuestro comportamiento—. En el momento de ser despedido, un hombre joven podría reconocer que el trabajo no era para él, y sentirse libre para buscar una mejor oportunidad. Podría sonreír y despedirse cordialmente del jefe que lo dejó sin trabajo. Similarmente, si una relación se termina, y podemos ver la escala más amplia mientras esto sucede, es posible pasar por encima de la amargura y el dolor inicial, y seguir directamente con la etapa de una vida renovada y más amplia. A menudo oímos a personas decir que su pareja lo es todo, y que si la relación se acaba también termina la vida misma. Pero si la relación efectivamente llega a un fin, luego de un período de amargura y dolor, a menudo la vida de la persona es transformada: la energía que estaba contenida se libera y abre el camino a una nueva vida. Un corazón roto no es necesariamente el fin del camino: puede ser el comienzo.

Si vivimos es un espacio reducido, tenemos una visión limitada. Si nos paramos cerca a un edificio, vemos sólo la puerta y una parte de la fachada; no podemos apreciarlo en su totalidad. Si nos situamos a cien pies y tenemos una vista más amplia, podemos lograr una impresión más completa del edificio entero. Si nos hacemos aun más lejos, vemos el edificio, el barrio y los alrededores. Entre mayor sea la perspectiva, más completa será la visión.

De la misma forma, si estamos muy cerca de un grupo de personas, vemos que unas son más atractivas que otras; tenemos opiniones y juicios claros. Pero si nos ubicamos a quinientos pies, no podemos distinguir una de otra: no hay diferenciación ni juicio.

Cuando los astronautas fueron al espacio y vieron lo diminuta que era la tierra, experimentaron un mayor sentido de humildad. Entre más amplia sea nuestra visión del tiempo y el espacio, más humildes nos volvemos, y juzgamos menos las cosas en términos de manifestaciones transitorias y superficiales, viéndolas más compasivamente.

La escala en la cual experimentamos el tiempo y el espacio, puede ser vista como una forma de medir la espiritualidad. Muchos se enfocan en lo que está cerca: el trabajo, la familia, los hijos y la casa. Ellos reaccionan con las alegrías y tristezas de parientes y amigos. Lo que está más lejano es menos real y de menor importancia. Las noticias de alegrías y catástrofes distantes parecen vagos rumores; cien mil muertes son "sólo un número". La compasión de personas con un nivel superior espiritual se extiende más lejos. Quienes llevan una vida santa tienen un grado de compasión que abarca todo el mundo, a todos los seres, no sólo en el presente, sino también del pasado y el futuro.

"Trascendencia" es otro término para el proceso de ampliar nuestra perspectiva. El mayor obstáculo para la trascendencia es la dependencia, que es la fuente del sufrimiento humano. La dependencia se deriva de la ignorancia: la incapacidad de ver las cosas en su verdadera naturaleza. Una perspectiva más amplia nos permite verlas en términos de su forma total en lugar de parcial. Cuando vivimos de acuerdo a una escala más grande de tiempo y espacio, naturalmente reconocemos que aquello que con tanto esfuerzo queremos conseguir y retener, es en realidad transitorio, y así se hace más fácil dejarlo ir. De este modo, nuestra actitud se vuelve más espiritual.

Si el amor es un proceso espiritual, debemos enfocar las relaciones desde un punto de vista superior, desde la perspectiva de una mayor extensión de tiempo y espacio. Tenemos que vivir el momento, pero no podemos perder la visión de la escala más grande. No debemos aferrarnos demasiado tiempo a eventos transitorios o menores de la vida cotidiana. Si vemos los eventos del presente desde una perspectiva más amplia, no parecerán tan apremiantes o importantes como podrían ser considerados si nuestro punto de vista se limita al momento.

Sabemos que la vida es más que un proceso biológico. Debemos ser conscientes de que también es más que un proceso emocional. *El proceso de vivir es un proceso espiritual.* No debemos crearnos ilusiones, ni terminar atrapados en un momento en particular. Sin embargo, aunque cada momento es transitorio, también es real y preciado —sin importar cómo se manifieste—. Ya sea bueno o malo, debemos estar agradecidos por la oportunidad de experimentarlo. La diversión, la risa, la alegría y la felicidad son estados maravillosos del ser humano —y a su vez transitorios—. Además, sin el contraste del dolor y la pena, son superficiales: sólo las dificultades les dan profundidad.

Sólo quienes han experimentado problemas y fracasos en la vida, pueden apreciar plenamente lo que significa vivir. Solamente quienes han sentido la pérdida en una relación romántica, pueden tener una profunda comprensión de lo que es el amor. Ninguna vida, o relación, es totalmente negativa o positiva. Todas las experiencias son transitorias, y el movimiento entre lo que consideramos positivo y negativo, es lo que nos da profundidad y energía. Cuando vemos estas transformaciones desde una perspectiva más amplia, podemos dejar de correr de un extremo al otro. De este modo logramos una sensación de equilibrio y paz interior. Sólo esta paz, si la encontramos en el proceso de vivir y amar, es eterna.

¿Qué es paz interior? No es un estado estático e incambiable. Es un reconocimiento permanente de la participación en interacciones, uniones y separaciones entre el yin y el yang en cada nivel de la experiencia. Es la comprensión de que toda experiencia, sin excepción alguna, es construida con base en estas interacciones amorosas, y que sin importar la cualidad de un evento inmediato, es parte de una historia mucho más larga —y que ésta, al final, es una historia de amor—.

Índice